Manual de certificación

LEAN SIX SIGMA WHITE BELT

Colección: Gestiona
Director: David Soler

Lean Six Sigma White Belt. Manual de certificación
1.ª edición, 2021

© 2021, Luis Vicente Socconini Pérez Gómez
© de esta edición, ICG Marge, SL

Edita: Marge Books
València, 558 – 08026 Barcelona
Tel. 931 429 486 - marge@margebooks.com
www.margebooks.com

Coordinación de la edición: Karina Ahumada Serrano
Edición: Mercedes Lara
Impresión: Safekat, SL (Madrid)

Edición impresa: ISBN 978-84-18532-95-5
Edición digital: ISBN 978-84-18532-96-2
Depósito Legal: B 18974-2021

El papel empleado en este libro no ha sido blanqueado con cloro elemental (CI_2).

El autor

LUIS SOCCONINI

Es ingeniero industrial por el ITESM, campus Guadalajara. Tiene una maestría en Calidad y Productividad y es Master Black Belt.

Está Certificado en *Strategic Management* por la Universidad de Stanford, en *Leading Product Innovation* por la Universidad de Harvard y en *Industry 4.0* por el MIT.

Ha trabajado para la escuela de negocios de Wharton (Pensilvania), como consultor de empresas; en la Cervecería Grolsch, en Países Bajos, como ingeniero de procesos, y en IBM, como ingeniero de manufactura.

Como director de Lean Six Sigma Institute, desarrolla proyectos de alto impacto en empresas como Abbott Laboratories, Kraft Heinz, Coca Cola, BMW, Bimbo y Fender, entre otras. Desarrolla constantemente aplicaciones de productividad en distintos sectores como la construcción, la minería, la agricultura, la administración pública, la energía, los servicios, etc

Ha sido catedrático distinguido en varias universidades de prestigio en México.

Es autor de los manuales de certificación *Lean Six Sigma Yellow Belt, Green Belt* y *Black Belt;* de los libros *Lean Company* y *Lean Manufacturing;* así como coautor de *Lean Six Sigma Management System, Lean Energy, El proceso de las 5´S en acción* y *Lean Six Sigma Green Belt, paso a paso.*

SOCCONINI

www.socconini.com

Índice

Presentación

Estimado lector,

Le doy la más cordial bienvenida a nuestro manual para conseguir la **Cerficación Lean Six Sigma White Belt** y deseo felicitarlo porque si usted tiene en sus manos este material, es porque quiere contribuir al desarrollo de la sociedad, mediante la mejora de la actividad de las empresas y, por lo tanto, del entorno económico.

Este manual nace desde la necesidad de compartir lo que en Lean Six Sigma Institute enseñamos a las personas que participan en procesos de formación: gerentes, propietarios, funcionarios, ingenieros, operadores y estudiantes. Todos ellos se capacitan para transformar los procesos clave de las empresas de hoy y diseñar el futuro.

Inicialmente, este manual solo formaba parte de los materiales que se entregan a quienes participan en los cursos de certificación que nuestro Instituto ofrece en diferentes lugares del mundo. En una conversación con nuestra directora de LSSI en España, ella sugirió que los manuales también podían distribuirse en librerías, de modo que cualquier persona pueda acceder a los conocimientos que están revolucionando el pensamiento empresarial y la manera de hacer negocios en el mundo actual. A este razonamiento se sumó que sabemos que mientras más personas estén capacitadas y, sobre todo, comprometidas con el nuevo espectro de posibilidades de diseño y mejora, las organizaciones serán más fuertes ante los nuevos retos que el mercado presenta.

En este manual usted encontrará una caja de herramientas sumamente útiles para desarrollar las actividades empresariales y de cualquier tipo de organización en el futuro. Las mismas son el resultado de la evolución de las mejores prácticas que se conocen y que han funcionado para crear verdaderos centros de negocios con un potencial ilimitado hacia el logro de los objetivos.

Encontrará herramientas gerenciales que los equipos directivos deben conocer y poner en práctica para desarrollar las estrategias, evaluar los resultados, diseñar la estructura organizacional, desarrollar su personal y una nueva forma de entender la contabilidad y los costos reales.

También hallará herramientas básicas que todo colaborador debería poner en práctica a fin de prepararse para la mejora continua y que deben ser aplicadas a todo tipo de organización.

Y, finalmente, encontrará herramientas y situaciones para perfeccionar sus procesos e implementar mejoras enfocadas a crear una diferencia significativa en resultados de calidad, costo, tiempo de entrega, seguridad y productividad.

La filosofía, las metodologías y las herramientas presentadas en este manual, le permitirán comprender con facilidad cómo deberían funcionar las empresas del futuro y, por lo tanto, le facilitarán que usted participe como agente del cambio y para producir los resultados merecidos por la empresa o institución en la que desarrolla su actividad profesional.

El objetivo de este manual es que mediante herramientas sencillas y prácticas, usted entienda, aplique y también enseñe a sus colegas y colaboradores nuevas formas de trabajar, con la consiguiente generación de historias de éxito, y que de una manera contundente se puedan afrontar las complejidades de los nuevos entornos empresariales.

Le agradezco mucho la confianza de darnos la oportunidad de poner a su disposición un material de alta calidad y ampliamente contrastado, y de otorgarnos la responsabilidad de ayudarlo en este camino que se inicia pero que nunca se termina, en un mundo en el que la mejora es opcional pero el progreso está en su decisión.

Luis Socconini

Director y fundador de Lean Six Sigma Institute

Introducción a *White Belt*

Objetivos

1. Entender el significado de Lean y Six Sigma.
2. Entender las responsabilidades de los *White Belt*.
3. Aprender cómo el trabajo en equipo apoya a la filosofía Lean Six Sigma.
4. Conocer algunas técnicas de administración del tiempo.

Contenidos

> Antecedentes
> Responsabilidades de los *White Belt*
> Limitantes de la productividad
> Trabajo en equipo
> Gestión del tiempo
> El ABC para el trabajo en equipo

Evolución

Control de la calidad total
Círculos de calidad
Justo a tiempo (JIT)
Desarrollo de proveedores
Mantenimiento productivo total (TPM)
Teoría de las restricciones (TOC)
Six Sigma
A todos los procesos
Automatización, enfoque humano, sustentabilidad
TQM
Clase mundial
Operaciones Lean Six Sigma
Empresa Lean Six Sigma
Lean Six Sigma 4.0
Década
40
50
60
70
80
90
2010
2020

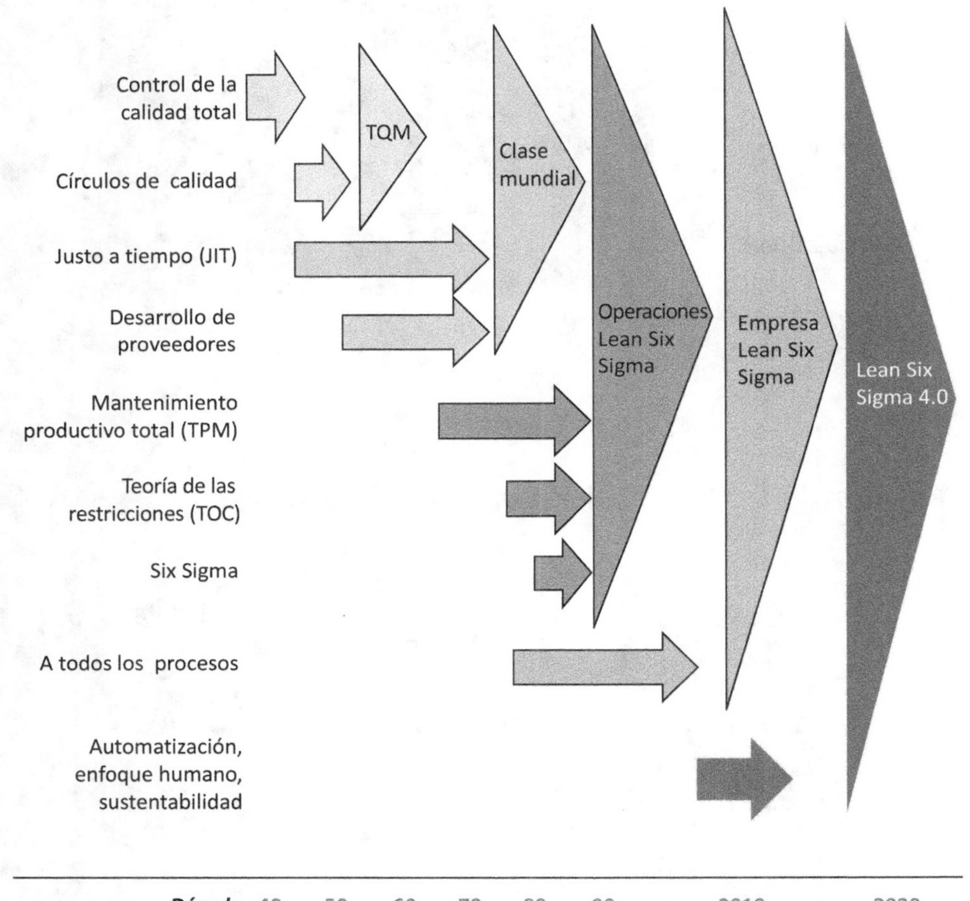

Dedicación de tiempo

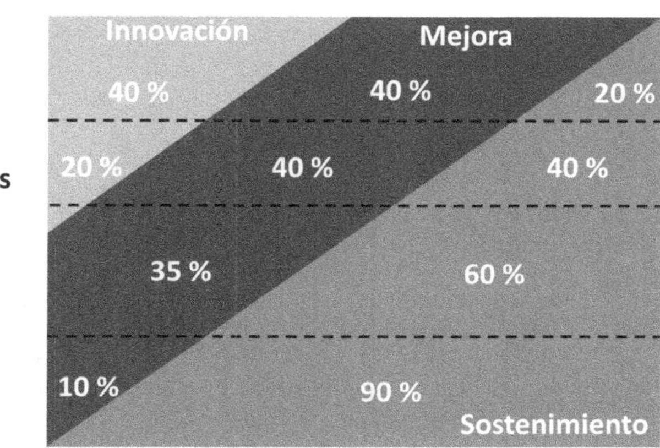

El poder de las herramientas Lean Six Sigma

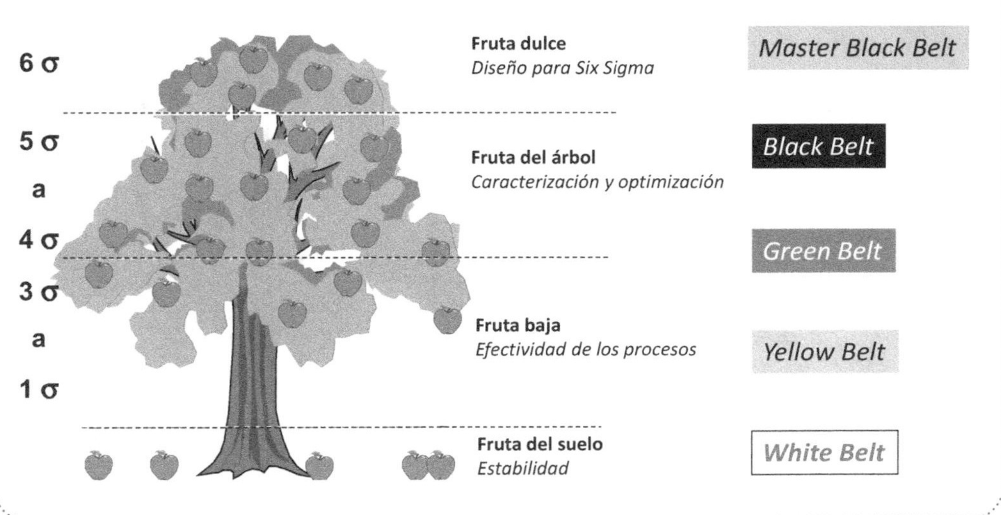

Responsabilidades de los *White Belt*

De forma personal

- Mantienen su área limpia y ordenada.
- Gestionan su tiempo correctamente.
- Realizan su trabajo con calidad y a tiempo.

En equipo

- Continuamente identifican oportunidades de mejora.
- Participan en la solución de problemas simples.
- Intervienen con frecuencia en proyectos de mejora.

Conocimiento

- Filosofía Lean Six Sigma.
- Herramientas básicas.

無理

無

駄

1. *Muri* = Sobrecarga

2. *Mura* = Variabilidad

3. *Muda* = Desperdicio

Los grandes desperdicios = *muda*

Sobreproducción

Esperas

Contaminación

Procesos ineficientes

Transportes

Los grandes desperdicios

Productos defectuosos

Movimientos innecesarios

Sobreinventario

Consumo de energía

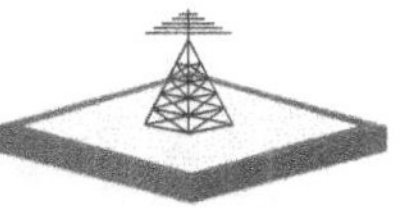

Talento sin acción

Exceso de inventario = desperdicio

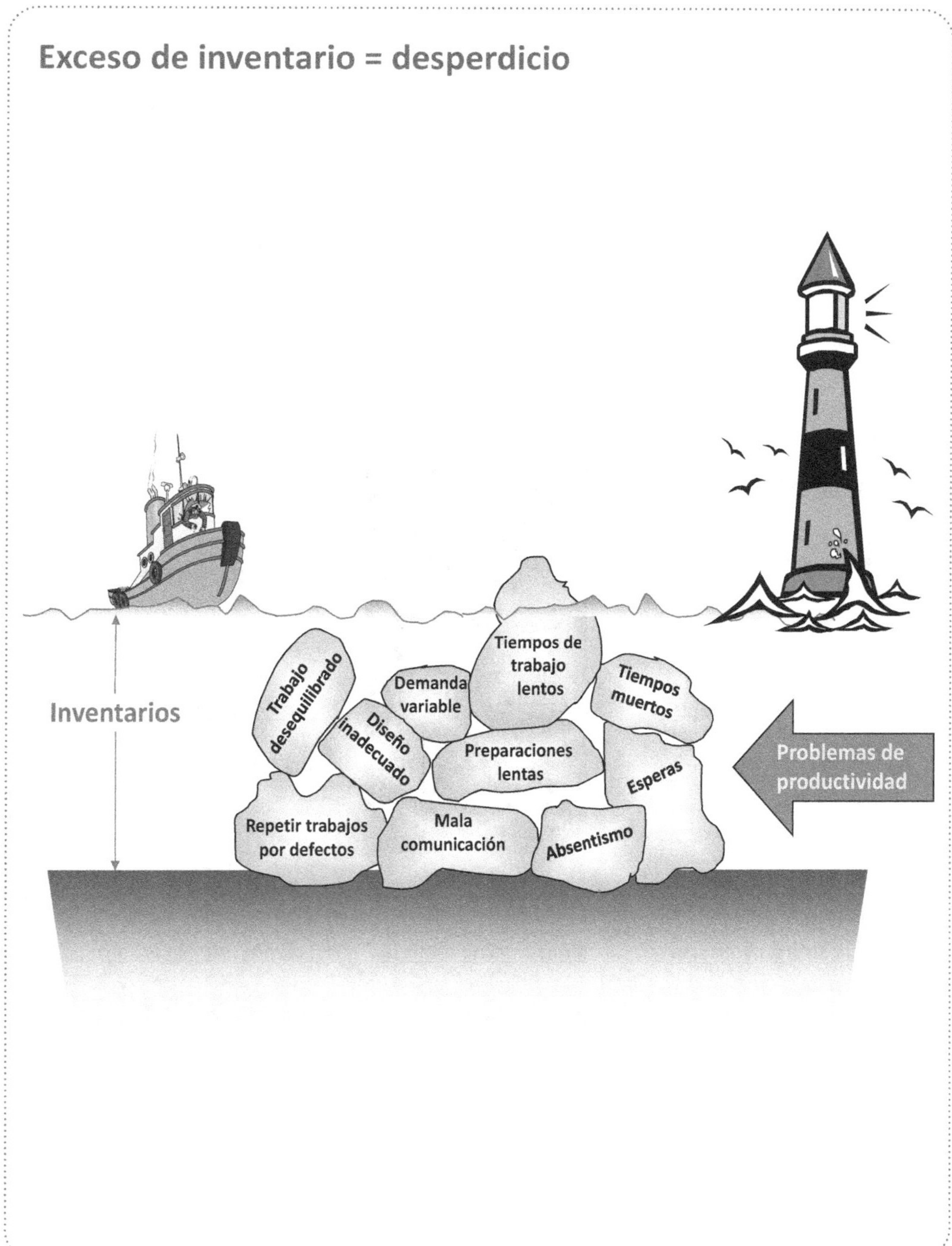

Ejemplo de como eliminar desperdicios

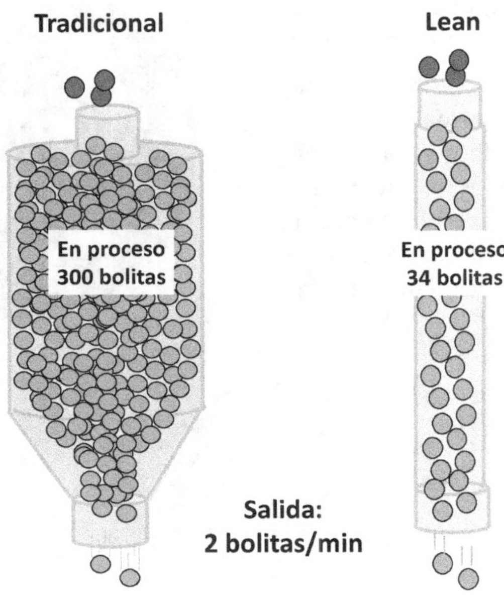

Diferencias:

- Velocidad de entrega.

- Valor inventario si 10 $/pieza.

- Tiempo para cambiar a azul.

- Espacio requerido.

Trabajo en equipo

¿Qué es un equipo?

- Un equipo es un grupo de personas que realizan tareas interdependientes y trabajan con un mismo objetivo.

- Los **White Belts**, normalmente, participan en equipos y contribuyen con ideas y acciones para resolver una gran variedad de problemas con herramientas simples basadas en su experiencia y conocimiento laboral.

Tipos de equipos

- **Equipos de mejora de procesos:** son equipos de proyectos que se enfocan en mejorar o desarrollar procesos específicos.

- **Grupos de trabajo:** a veces denominados *equipos naturales*, tienen la responsabilidad de un proceso en particular (por ejemplo, un departamento, una línea de productos o una etapa de un proceso) y trabajan juntos en un entorno participativo.

- **Equipos autogestionados** dirigen directamente el funcionamiento diario de un proceso o departamento en particular.

Los *White Belts* participan en todos los tipos de equipo y comprenden las dinámicas y las herramientas para maximizar los resultados.

Etapas en la formación de equipos: modelo de Tuckman

Formación	Turbulencia	Normas	Desempeño

- La integración o madurez grupal es escasa

- Se percibe intención de ser agradable entre miembros (complacer)

- Hay poco avance en cuestión de trabajo

- Los roles y las responsabilidades son aclarados y entendidos

- Es el periodo *honey moon*

- Los integrantes comienzan a hacerse escuchar

- El entendimiento de roles y responsabilidades será cuestionado.

- Se generan conflictos entre ideas y conclusiones

- La falta de acuerdos retrasa el trabajo del equipo

- Los integrantes resuelven sus conflictos

- Se alcanzan acuerdos basados en ideas aceptadas mutuamente para avanzar

- Se logra algo de trabajo, avance

- Los integrantes comienzan a funcionar como equipo

- La confianza comienza a generarse y se comparten ideas con mayor apertura

---

- Las distintas habilidades de los miembros son complementarias

- Se crea sinergia

- Se hace evidente y se acepta la interdependencia

- Se desarrolla la habilidad de solución de problemas grupal

- Se logra cerrar acuerdos

- Hay un avance notorio en cuestión de trabajo

Fuente: Adaptado de Bruce W. Tuckman.

Gestión del tiempo

- Una de las causas más importantes del bajo desempeño en el trabajo, no es la preparación profesional, si no la **mala administración del tiempo.**

- El tiempo es uno de los **recurso más valioso**.

- Analizando el uso del tiempo, se puede entender en qué se malgasta y cómo es posible emplearlo de la manera óptima.

Ley de ocupación o ley de Parkinson

Fue enunciada por primera vez por Cyril Parkinson en 1957 como resultado de su investigación en el servicio civil británico.

Ejemplos:

- **Tiempo**: Síndrome del estudiante. Estudia un día antes del examen (por eso se llama *estudia - ante*).
- **Ingresos**: Cuanto más dinero ganemos, más gastaremos.
- **Espacios**: Cuanto más espacio tengamos (estantes, cajones, etc.), más trataremos de utilizarlo.

Para muchos, cuanto más tiempo se tenga para hacer algo, más divagará la mente y más problemas serán planteados.

LSSI
LEAN SIX SIGMA INSTITUTE

Las mejores prácticas de gestión del tiempo

1. Planifica tu día.

2. Usa la técnica del *pomodoro*.

3. Usa el correo electrónico efectivamente.

4. Desarrolla reuniones efectivas.

5. Realiza llamadas efectivas.

1. Planea tu día

- Dedica al menos 15 minutos para planificar tu día.
- Haz una lista de tus actividades actuales, futuras y tareas de rutina.
- Planea las actividades de mediano y largo plazo (vacaciones, etc.).
- Planea las actividades diarias (ejercicio, comida, transporte, etc.).
- Clasifica las actividades:
    - A: Importantes y urgentes.
    - B: Importantes y no urgentes.
    - C: Menos importantes y no urgentes.
- Al tomar notas, define tus tareas y horario.
- Antes de iniciar tu día, visualiza todas tus actividades en tu mente.

Ejemplo de planificación diaria

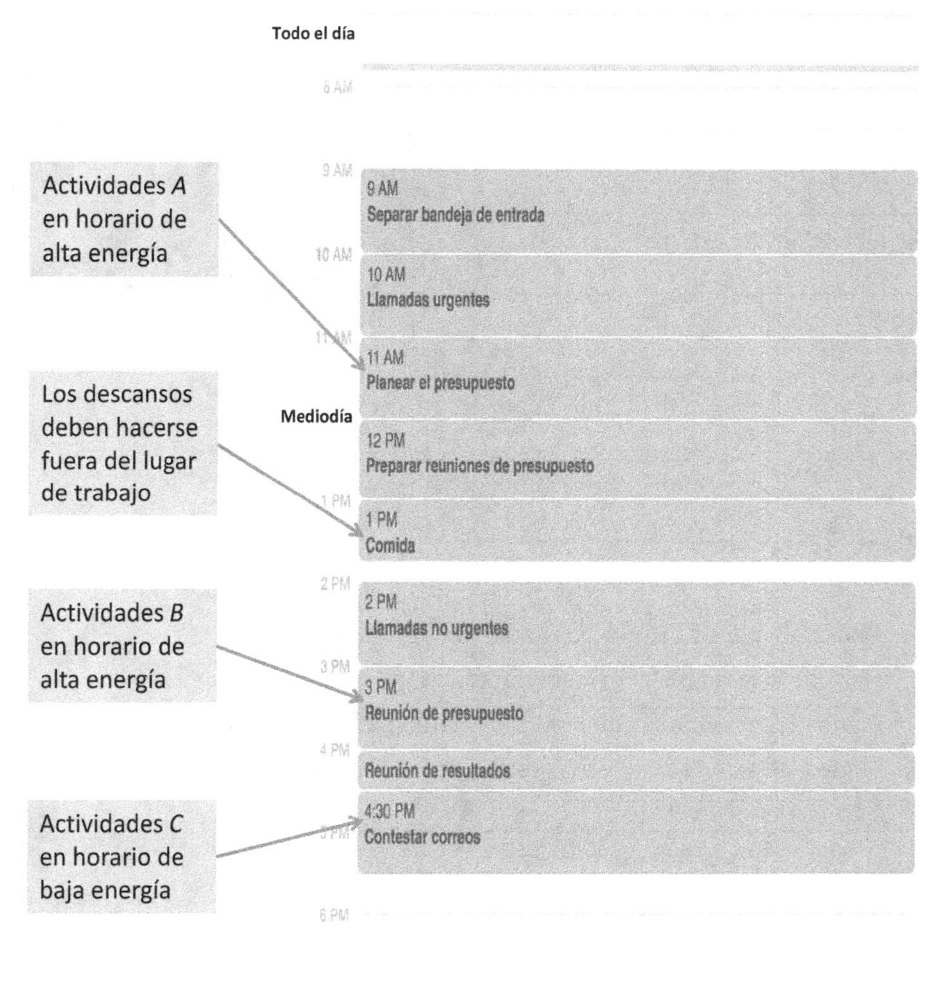

2. Usa la técnica del Pomodoro

- La **técnica *pomodoro*** es un método para la administración del tiempo desarrollado por Francesco Cirillo a fines de la década de 1980.

- La técnica usa un reloj para dividir el tiempo dedicado a un trabajo en intervalos de 25 minutos, llamados *pomodoros*, separados por pausas.

**Un objetivo esencial de la técnica es eliminar
las interrupciones, tanto internas como externas.
Esto se hace registrándolas y posponiéndolas
siempre que sea posible.**

1. Decidir la tarea a realizar.
2. Poner el ***pomodoro*** (el reloj o cronómetro) a 25 minutos.
3. Trabajar en la tarea hasta que el reloj suene y anotar una X.
4. Tomar una pausa breve (cinco minutos).
5. Cada cuatro *pomodoros* tomar una pausa más larga (15 - 20 minutos).

3. Usa el correo electrónico con efectividad

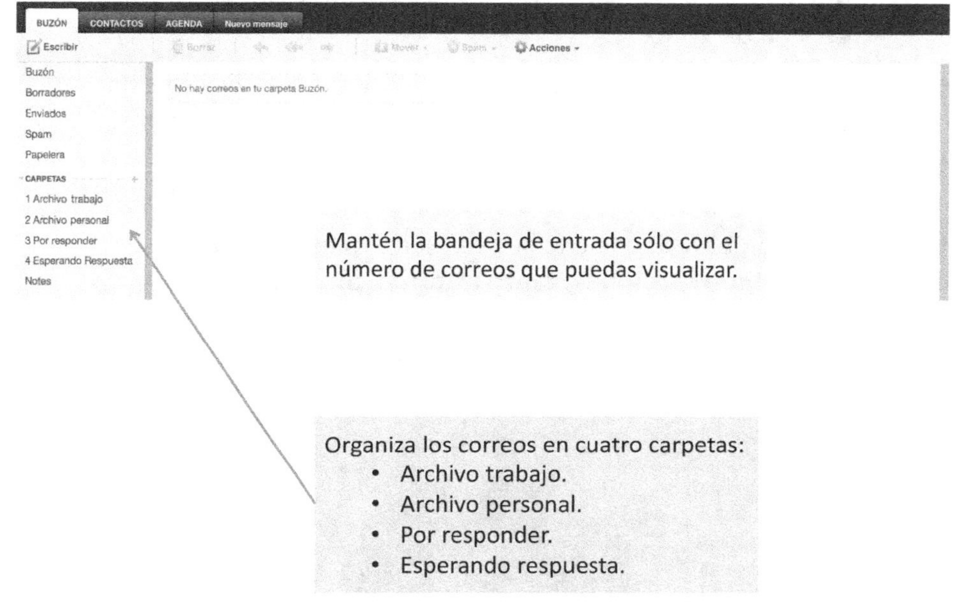

Mantén la bandeja de entrada sólo con el número de correos que puedas visualizar.

Organiza los correos en cuatro carpetas:
- Archivo trabajo.
- Archivo personal.
- Por responder.
- Esperando respuesta.

1. Contesta sólo correos que puedes procesar en dos minutos o menos.
2. Elimina los que no necesitas.
3. Archiva los correos que debes mantener.
4. Marca o separa los correos por responder.

4. Desarrolla reuniones efectivas

1. Planea la reunión.
2. Convoca a los invitados.
3. Confirma la logística.
4. Pasa lista de asistencia.
5. Explica el objetivo.
6. Asigna tiempo y síguelo.
7. Escribe las notas.
8. Escribe las tareas y sus responsables.
9. Haz un resumen de la reunión (confirma objetivo).
10. Envía el reporte a los participantes y designados.
11. Da seguimiento a las actividades.
12. Evalúa la reunión.

Reuniones efectivas

Fecha		Hora inicio		Hora fin			Reunión núm.	
Título						Hora real inicio		Hora real fin
Objetivo						Tipo de reunión		
Ubicación						Líder		
						Secretario		
						Costo de la reunión		

Participantes

Nombre	Rol	Asistió	Notas

Agenda

Secuencia	Tema	Tiempo	Tiempo real

Acuerdos

Acuerdo	Responsable	Fecha compromiso	Notas

5. Realiza llamadas efectivas

1. Prepara la conversación como si fuera una reunión de trabajo.
2. Planea varias llamadas. Si alguna está ocupada puedes continuar con otras.
3. Elije un orden de prioridad de las llamadas.
4. Utiliza el altavoz para poder continuar con otras actividades (llamadas tipo C).
5. Calendariza tus llamadas.

El ABC para el trabajo en equipo

- *Achievement* = Logro

- *Belonging* = Pertenencia

- *Contribution* = Contribución

Solución de problemas

Objetivos

1. Establecer de una manera práctica y sencilla la definicion de problemas.
2. Desarrollar el entendimiento de las causas de los problemas con un esquema estructurado.
3. Resolver problemas utilizando una metodología sencilla y práctica.

Contenidos

> Antecedentes
> ¿Qué es solución de problemas?
> ¿Para qué sirve la metodología de solución de problemas?
> ¿Cuándo se usa la metodología de solución de problemas?
> Metodología
> Ejemplo

- En el trabajo y en lo personal todos enfrentamos diferentes tipos de problemas.

- Al tratar de resolver los problemas, la mayoría de las veces atacamos síntomas y no causas.

- ¿Cuántos de nosotros conocemos y aplicamos una metodología de solución de problemas?

LSSI

¿Cómo resolvemos problemas normalmente?

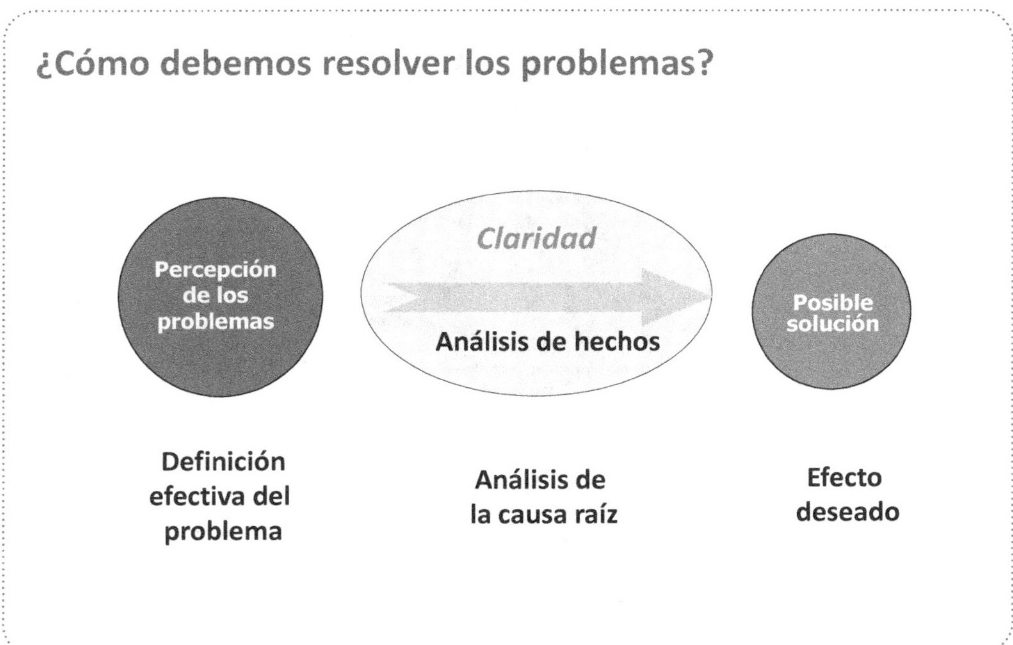

¿Cómo debemos resolver los problemas?

LSSI
LEAN SIX SIGMA INSTITUTE

¿Qué es solución de problemas?

Es una metodología para resolver problemas desde su raíz.

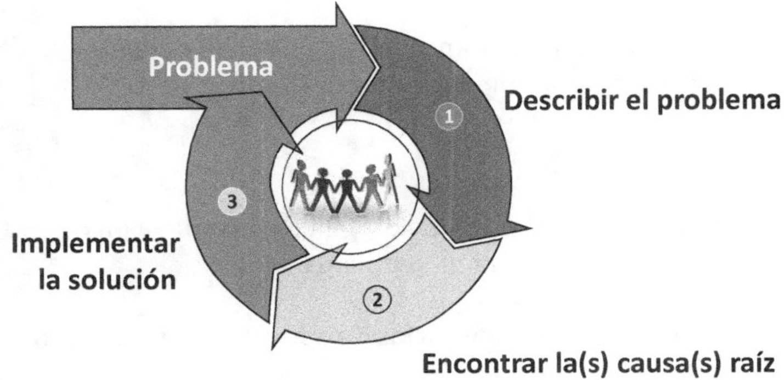

¿Para qué sirve la metodología de solución de problemas?

- Provee al equipo de un enfoque para definir causas del problema.

- Previene la recurrencia.

- Crea mejores estándares.

- Motiva al trabajo en equipo.

- Permite la solución de problemas de forma permanente.

«Trabajar en equipo asegura el éxito.» Henry Ford

¿Cuándo se usa la metodología de solución de problemas?

- El síntoma ha sido definido y cuantificado.

- Hay un vacío de rendimiento y la prioridad del síntoma justifica la iniciación del proceso.

- La causa no se conoce.

- Se necesita responder rápida y efectivamente a una situación que genera un problema.

- Cuando se desarrollan **ciclos de adecuación para el control**.

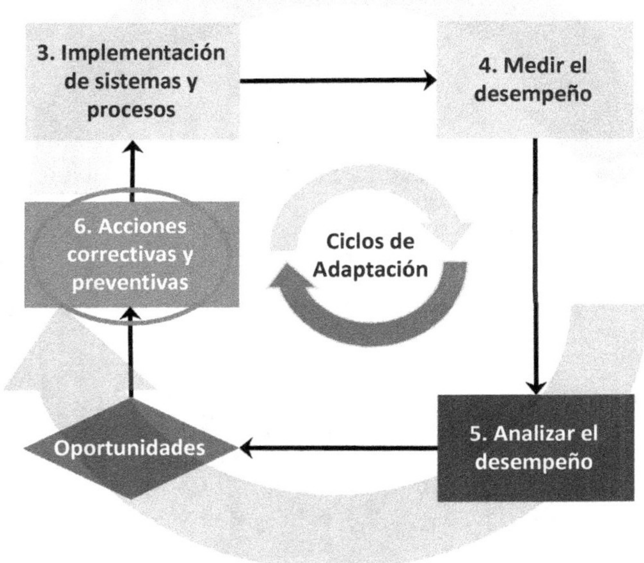

¿Cómo funciona?

Problema

PASO 1. DESCRIBIR EL PROBLEMA

Causa

PASO 2. ENCONTRAR LA(S) CAUSA(S)

Solución

PASO 3. IMPLEMENTAR SOLUCIÓN

PDCA - Compartir aprendizaje

Problema

- Definir el problema con la mayor precisión posible.

- Es una afirmación simple y concisa que identifica el objeto y el defecto de un problema, para el cual se desconoce la causa raíz.

Sujeto + Predicado

- El problema se define en tiempo **presente** (no en pasado ni en futuro).

Ejemplo: El piso esta mojado.

Describir el problema

Encontrar la causa

Implementar solución

Guía para desarrollar el enunciado de un problema

El enunciado del problema debería cumplir con lo siguiente:

1. **Ser específico:** generalmente los problemas se enuncian en términos demasiado genéricos.

   El agua está demasiado caliente.

2. **Describir el problema, no sus síntomas:**

   La moral del departamento es baja.

3. **No expresar causas y soluciones:**

   El tiempo de respuesta en la prestación del servicio es la causa de la insatisfacción del cliente.

   Indica un problema potencial.

Utilizar la lluvia de ideas para definir el problema

- **Objetivo:** expresar sin sesgo todas las opiniones del grupo.

- Para lograr este objetivo se debe pedir a todos los participantes que escriban en un pequeño papel todas las ideas que se generen de la pregunta:

  ¿Cuál piensas que es el problema?

- El facilitador reúne y clasifica todas las ideas y las presenta de manera grupal para evitar que se genere sesgo.

LSSI
LEAN SIX SIGMA INSTITUTE

Ejemplo SOS

Leer el ejemplo SOS al final del capitulo. Hacerlo en equipos, mediante una lluvia de ideas, para definir el problema.

Lluvia de ideas

¿Cuál es el problema?

2 — Causa

Describir el problema

Encontrar la causa

Implementar solución

- Observar y responder: **¿por qué ocurre esto?**

- Si no puede observar o responder la pregunta anterior, se puede utilizar alguna de las herramientas básicas para la solución de problemas (diagrama de pescado, 5 por qué, árbol de realidad actual, etc.).

- Priorizar si hay más de una causa (utilizar datos verificados donde sea posible).

¿Cuál es la causa?

Herramientas básicas

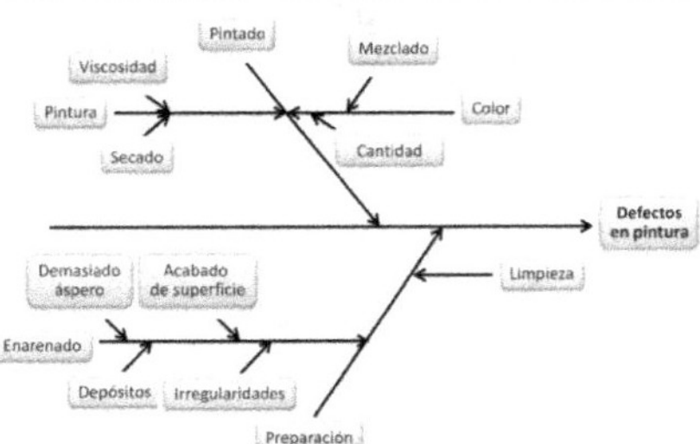

Diagrama de pescado *(ishikawa)*

Es una herramienta gráfica que se obtiene de una lluvia de ideas, en la que se enlistan de una manera organizada todas las **causas de un determinado efecto**, con lo cual resulta más fácil separar los problemas y las posibles zonas de mejora.

Karou
Ishakawa

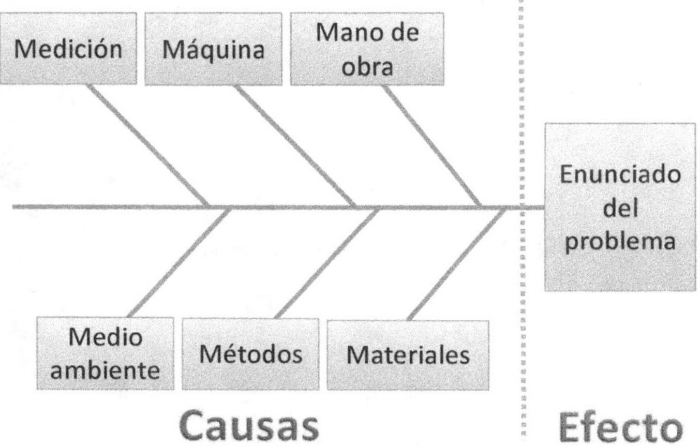

PROCEDIMIENTO

1. Se define el problema.

2. Se definen categorías.

3. Se hace una lluvia de ideas en cada categoría.

4. Se verifican las ideas en el lugar de los hechos.

5. Se rodea en rojo las causas raíz.

Ejemplo SOS

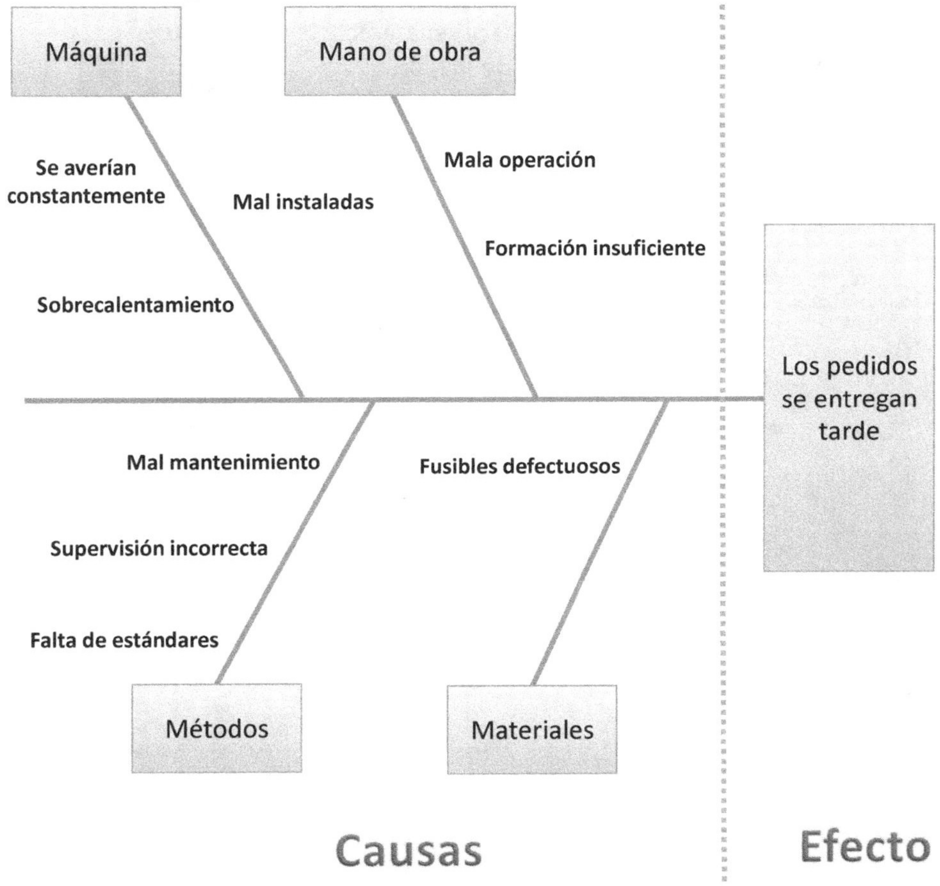
Máquina
Mano de obra
Se averían constantemente
Mal instaladas
Mala operación
Formación insuficiente
Sobrecalentamiento
Los pedidos se entregan tarde
Mal mantenimiento
Fusibles defectuosos
Supervisión incorrecta
Falta de estándares
Métodos
Materiales
Causas
Efecto

Los 5 por qué

Enunciado del problema:

Los pedidos se entregan tarde a los clientes.

1. **Por qué?**
   - Porque se descomponen las máquinas.

2. **Por qué?**
   - Porque se funden los fusibles.

3. **Por qué?**
   - Porque se sobrecalientan las máquinas.

4. **Por qué?**
   - Porque los cambios de aceite no se realizan a tiempo.

5. **Por qué?**
   - Porque no existe un programa formal de mantenimiento.

Diagrama de árbol

Permite apreciar la relación entre las **causas y efectos** de un problema, combinando los 5 por qué y las ideas generadas del problema, causas y efectos.

Eliyahu
Goldratt

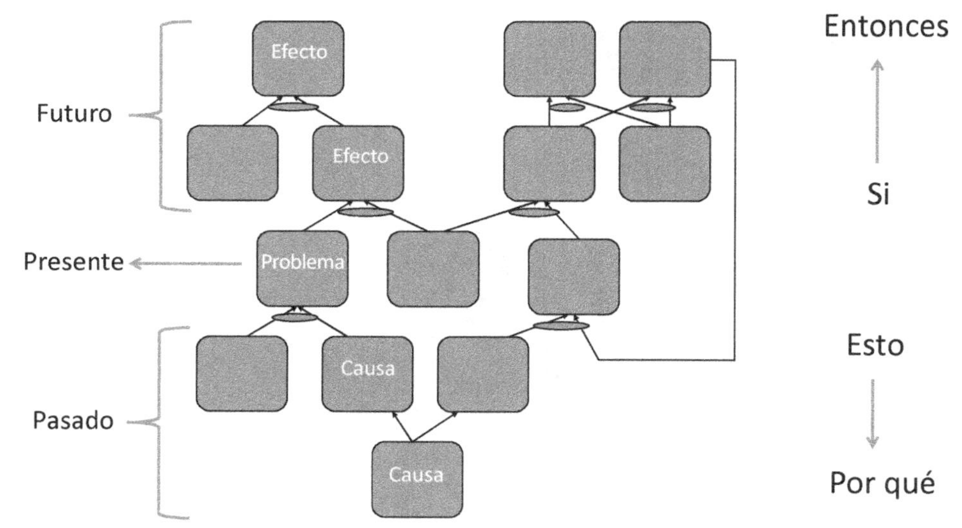

LSSI
LEAN SIX SIGMA INSTITUTE

Ejemplo SOS

En equipos, desarrollar un árbol de realidad actual para el ejemplo SOS.

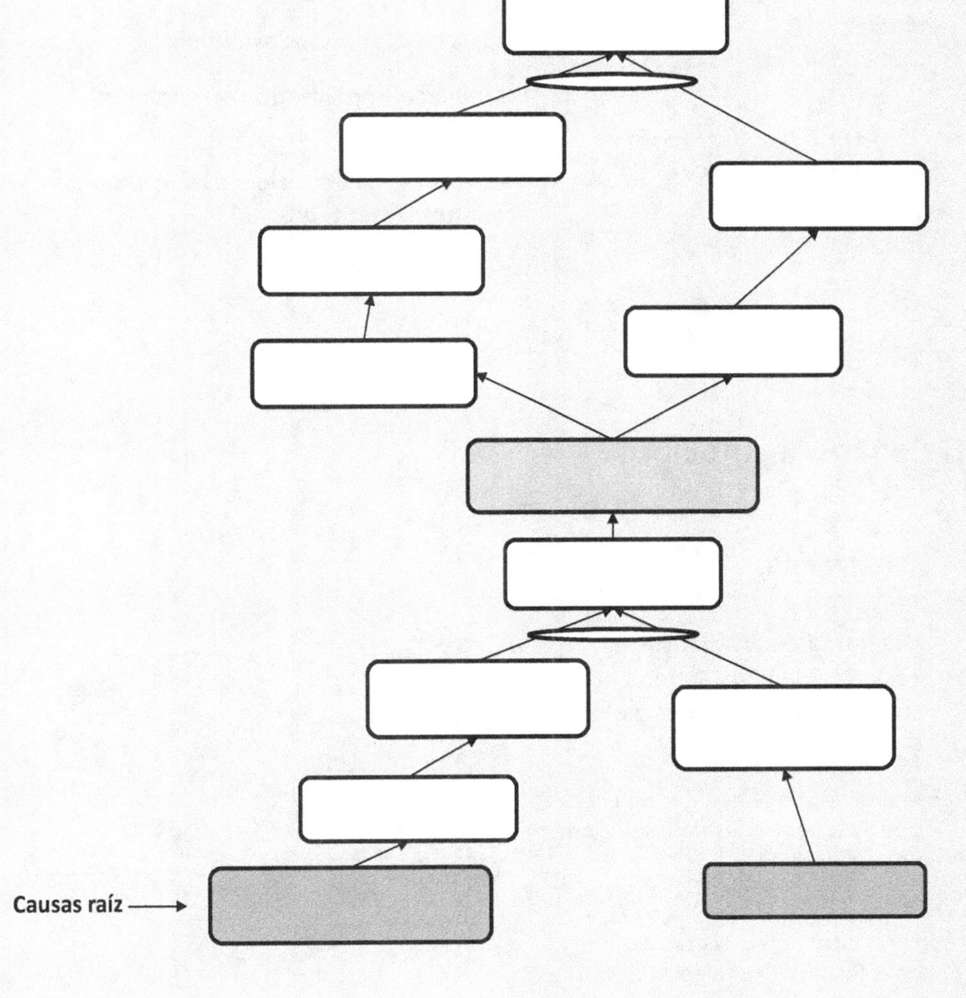

3 Solución

Describir el problema

Encontrar la causa

Implementar solución

- Seleccionar la mejor acción correctiva permanente para **eliminar la causa o causas raíz.**

- **No** causar **efectos indeseables.**

- **Planificar e implementar** las acciones correctivas.

- **Verificar** que las decisiones tengan **éxito** al ser **implementadas.**

- **Documentar** el caso.

¿Cuál es la solución?

Herramientas

- **Diagrama de árbol futuro**
  Para establecer la mejor solución sustentada en acciones y efectos.

- **Matriz de decisión**
  Cuando se tiene que decidir entre dos o más opciones para solucionar un problema.

- **A3**
  Para documentar el proceso de solución de problemas.

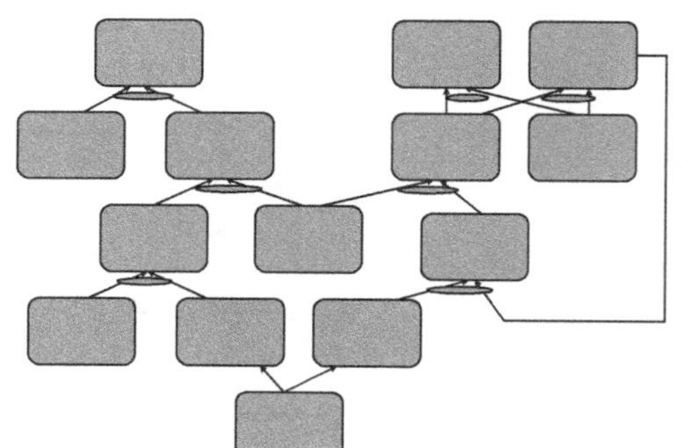

Ejemplo SOS

En equipos, desarrollar un árbol de realidad futura para el ejemplo SOS.

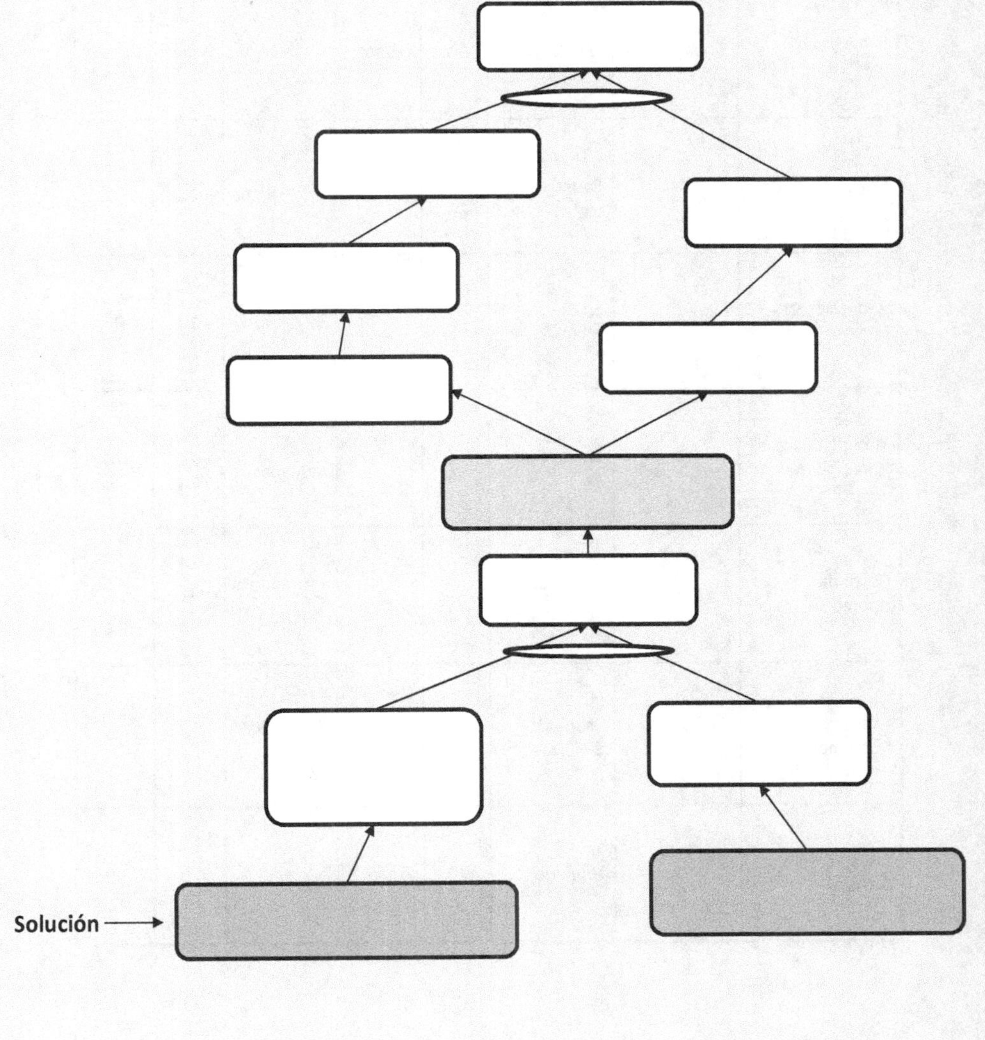

Matriz de decisión: seleccionar una solución

Si se tiene más de una posible solución, utilizar la siguiente matriz.

Criterio	Importancia	Alternativa A			Alternativa B		
		Evaluación	Valor	Puntos	Evaluación	Valor	Puntos
Seguridad	10	Fatiga visual	7	70	Ninguno	10	100
Reducción del defecto	9	Se reduce en un 75 %	8	72	Se elimina	10	90
Tiempo de implementación	7	Tres meses	3	21	1 - 2 semanas	10	70
Costo de operación	5	Estimado $ 150 / mes	6	30	Estimado $ 25 / mes	9	45
Costo de implementación	3	Estimado $ 4,500	8	24	Estimado $ 5,000	6	18
Impacto en otras áreas	2	Ninguno	10	20	Ninguno	10	20

Total 237   Total 343

Documenta el problema resuelto

1. Antecedentes

Como compañía, el desempeño de nuestra **puntualidad en las entregas** no está cumpliendo la programación ni los costos establecidos. Esto está causando problemas de **falta de espacio, retrasos en los envíos** y **costos de calidad**, los cuales cuestan alrededor de **$ 800 000** dólares anuales

2. Situación actual

¿Dónde estamos?

- **Las órdenes de pedido no se están entregando a tiempo**

3. Alcance / Línea base / Objetivos

¿Cuales son los resultados requeridos?

- **Cero entregas tarde**
- **Cero paros de máquina**

4. Análisis

¿Cuál es la causa raíz del problema?

- **Falta de mantenimiento preventivo**

- **Personal que no ha sido capacitado correctamente**

Elige la herramienta más simple para identificar la causa raíz:

- Los 5 por qué

Iniciales

			Resp.

Recomendaciones

Las propuestas para llegar al estado futuro

- **Implementar el mantenimiento productivo total (TPM)**

- **Desarrollar un programa de capacitación para el personal**

Plan de acción y objetivos

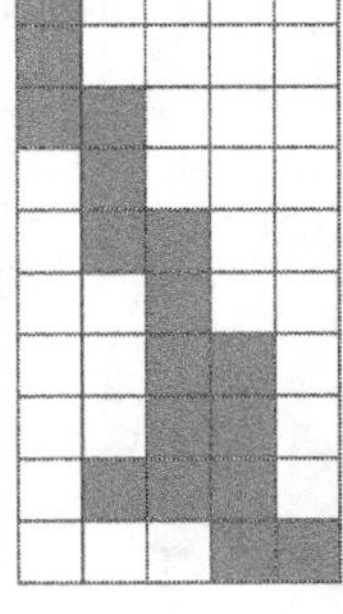

Indicadores para monitorear la mejora

- **Entregas a tiempo**
- **Efectividad total de los equipos (OEE)**

Seguimiento de acciones y resultados

- **Analizar el tablero de resultados en reuniones semanales**

- **Caminatas *gemba* para analizar los tableros hora por hora**

¿Qué se logra?

- Aplicar el proceso de solución de problemas para:

  - Definir el problema adecuadamente.
  - Identificar la causa raíz y los efectos.
  - Definir acciones que eliminen el problema.
  - Documentar eficientemente el proceso de solución de problema.

- Ahora es muy importante considerar:

  - Utilizar el método de solución de problemas simple.
  - Enseñar a nuestros compañeros, alumnado, familia cómo resolver problemas de una manera fácil.
  - Mejorar constantemente nuestro proceso de solución de problemas.

La mejor herramienta es la que verdaderamente usas.

LSSI
LEAN SIX SIGMA INSTITUTE

Ejemplo SOS

Byside es un muy buen cliente insatisfecho. Últimamente no se le ha entregado un solo pedido a tiempo; todo en la planta es un desastre, nada de lo planeado está yendo como debiera.

El supervisor de producción culpa a los de mantenimiento por ser muy lentos en atender a sus peticiones y los de mantenimiento, a los operadores por descomponer las máquinas constantemente. Lo cierto es que no se está entregando a tiempo los productos y el cliente está evaluando a otros proveedores más confiables.

Todo el personal se esmera por cumplir cabalmente con el programa de producción, sin embargo algo siempre se atraviesa y el jefe de producción debe hacerse cargo de la situación.

En los últimos días, para que los pedidos pudieran terminarse, ha habido un excesivo gasto en mantenimiento y en horas extra, pero aún así no se ha podido cumplir.

El jefe de producción no entiende lo que pasa, está desesperado. Todos los días por la mañana, se reúne con el personal y revisan el plan de producción. Las reuniones son un desastre, todos se culpan entre sí y no se ponen de acuerdo en la solución a los problemas.

En el informe de mantenimiento se indica un cambio muy frecuente de fusibles de alto rendimiento. Hay que firmar la compra con urgencia, sin esos fusibles se pararían las máquinas. Habría que establecer un plan de mantenimiento preventivo, pero con los problemas que hay no es seguro que se pudiera cumplir, pues o se dedican a producir o a dar mantenimiento a las máquinas.

Los operadores continuamente informan que las máquinas se sobrecalientan, aunque podría tratarse de pretextos para evadir la responsabilidad del incumpliendo en las entrega de los pedidos. Se debería de haber impartido un programa de formación para que conozcan la correcta operación de las máquinas, pero no ha sido posible hacerlo a causa de las urgencias.

El jefe de producción está muy agobiado, no sabe qué hacer, sin embargo, necesita resolver el problema; de no hacerlo, se tendrá que cerrar la planta por baja productividad.

Las 5'S

3

Objetivos

1. Entender los beneficios de trabajar en una ambiente limpio y ordenado.
2. Identificar los pasos para implementar correctamente las cinco disciplinas (5'S).

Contenidos

> Antecedentes
> ¿Qué son las 5'S?
> Beneficios
> Procedimiento
> Ejemplos

¿Porqué es importante el orden?

¡No encuentro mis llaves!

¿Dónde esta el archivo?

¿Dónde está el material?

¡No encuentro la herramienta!

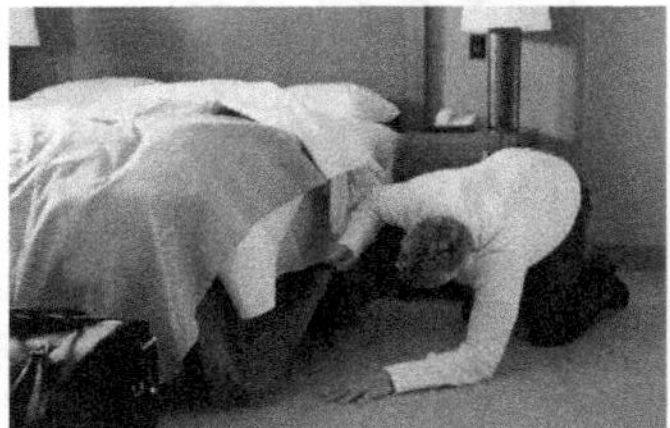  

- Los hábitos son el elemento más importante en la cultura de pensamiento ágil (Lean Thinking).

- La aplicación de las 5'S fue desarrollada por Hiroyuki Hirano y representa una de las piedras que enmarcan la iniciación de cualquier herramienta o sistema de mejora.

- Un buen evento de mejora es aquel que inicia con las 5'S.

Hiroyuki Hirano

Origen de las 5'S 1950

- Ford Motor Company desarrolló el programa CANDO.
- Los japoneses que visitaron las plantas de Michigan lo adoptaron (Hiroyuki Hirano).

C *leaning up* = *Seiri*
A *rranging* = *Seiton*
N *eatness* = *Seiso*
D *iscipline* = *Seiketsu*
O *ngoing Improvement* = *Shitsuke*

Seiri	**S** eleccionar
Seiton	**O** rganizar
Seiso	**L** impiar
Seiketsu	**E** standarizar
Shitsuke	**S** eguimiento

Las 5'S en castellano

= S O L E S

¿Qué son las 5'S?

- Las 5'S es una **disciplina** que logra mejoras en la productividad del lugar de trabajo mediante la estandarización de **hábitos de orden y limpieza.**

¿Qué NO son las 5'S?

- Las 5'S solo es aplicable a entornos de fabricación.

  ¡Aplica a cualquier lugar!

- Una limpieza casual.

- Un programa para impresionar a visitantes y clientes.

Beneficios

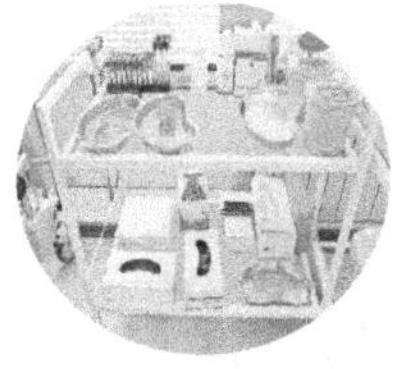

- Encontrar cualquier cosa en menos de 30 segundos.

- Aumentar la productividad.

- Mejorar la satisfacción personal.

- Mejorar significativamente la seguridad.

Un programa de las 5'S se construye a través del desarrollo de las siguientes etapas:

Seleccionar → **Organizar** → **Limpiar** → **Estandarizar** → **Seguimiento**

Seleccionar	Organizar	Limpiar	Estandarizar	Seguimiento
Es retirar todos los artículos que no son necesarios de nuestra área de trabajo.	Es ordenar los artículos necesarios para realizar el trabajo, estableciendo un lugar específico para cada cosa.	Es, básicamente, eliminar la suciedad.	Es lograr que los procedimientos y actividades se ejecuten consistentemente.	Es hacer un hábito de las 4 S anteriores para asegurar que las áreas de trabajo sean más productivas.

Seleccionar – *Seiri*

Seleccionar > Organizar > Limpiar > Estandarizar > Seguimiento

Seleccionar es *retirar* del lugar de trabajo todos los artículos que *no son necesarios* para realizar las operaciones productivas.

Proceso de selección:

1. Reconocer las áreas de oportunidad.

2. Definir el criterio de selección.

3. Identificar los objetos seleccionados.

4. Disponer de los elementos seleccionados.

1. Reconocer las áreas de oportunidad

- Almacenes
- Áreas de servicio
- Oficinas
- Producción
- Archivadores
- Equipos informáticos
- Laboratorio

2. Definir el criterio de selección

Se debe decidir qué hacer con los objetos seleccionados como **no necesarios.**

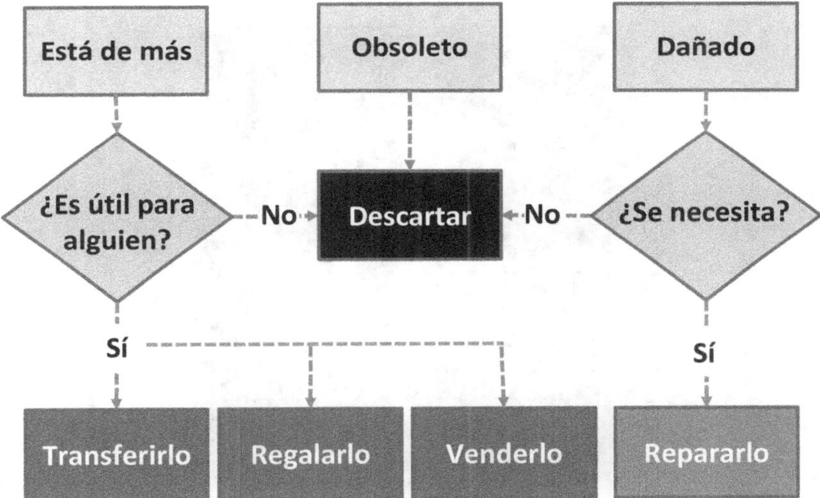

- Seleccionar es deshacerse de lo que **no necesitamos.**

- Ir a través de todos los espacios, estantes, cajones, etc., y mantener solo los artículos esenciales. Todo lo demás se almacena o se desecha.

3. Identificar y evaluar los objetos seleccionados

Los objetos seleccionados como **no necesarios** deben ser identificados con una tarjeta roja y confinados en un área de cuarentena.

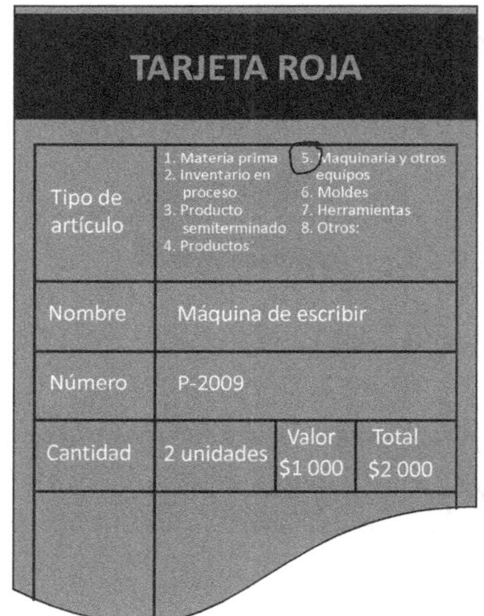

Principio *seiri*

«Solo lo que se necesita, solo la cantidad necesaria y solo cuando se necesita.»

Organizar – *Seiton*

Seleccionar › **Organizar** › Limpiar › Estandarizar › Seguimiento

Organizar es *ordenar* los artículos necesarios para realizar el trabajo, estableciendo un lugar específico para cada cosa, de manera que se facilite su *identificación, localización, disposición y regreso* al mismo lugar después de ser usados.

Proceso de organización:
1. Preparar el área de trabajo.
2. Asignar lugares específicos.
3. Establecer reglas y seguirlas.

EJEMPLO DE IDENTIFICACIÓN Y ORGANIZACIÓN

Antes

Después

Elementos clave

- Lo que se necesita debe tener su ubicación.
- Eliminación de la búsqueda.

Significado

- Organizar los elementos esenciales para facilitar el acceso.
- Un lugar para todo.
- Todo en su lugar después del uso.

- Determina la velocidad a la cual las cosas pueden ser localizadas o colocadas.

  - Prueba: ¿puedes encontrar un artículo en menos de 30 segundos?

- Organizar enfatiza en:

  - Colocación funcional de piezas, herramientas y materiales.

  - Nombres y lugares claramente designados.

  - Recuperación rápida y fácil de documentos, piezas y herramientas.

- **Entregable:**

  - Una lista de objetos necesarios con su ubicación y lugares señalizados.

1. Preparar el área de trabajo

Guía de colores

	Amarillo: delimita áreas comunes y objetos de uso moderado
	Verde: delimita producto terminado, objetos de uso frecuente, basura reciclable
	Azul: delimita agua potable, residuos de plástico
	Rojo: delimita las áreas de emergencia, producto no conforme, residuos peligrosos y objetos de poco uso
	Blanco: delimita las áreas de producto en proceso
	Amarillo-negro: delimita áreas de riesgo

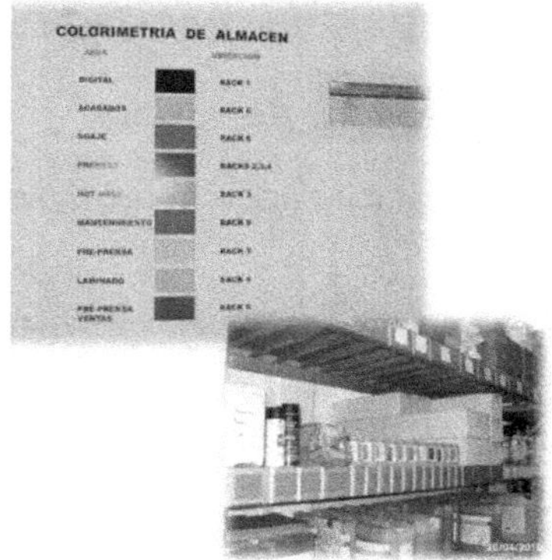

LSSI
LEAN SIX SIGMA INSTITUTE

2 y 3. Asignar lugares especificos y establecer las reglas

Cualquier persona puede inmediatamente: ver, tomar y devolver cualquier artículo.

Pregunta	Respuesta
¿Qué?	Definir los artículos necesarios (seleccionar)
	Identificar los artículos
¿Dónde?	Definir la localización
	Identificar el lugar
¿Cuántos?	Definir la cantidad
	Identificar la cantidad necesaria

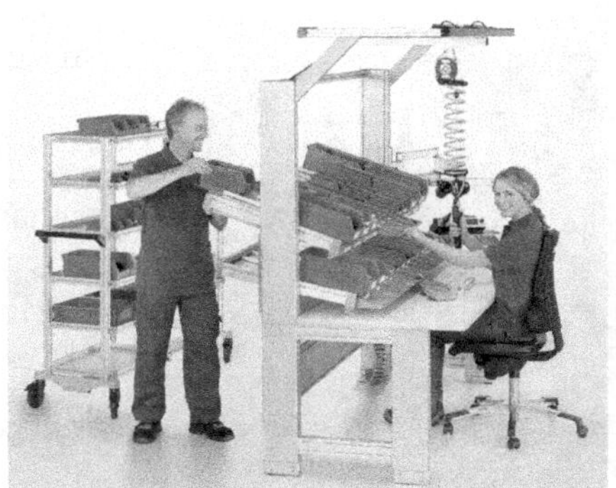

▶ ¿Qué?

- En la etapa de **selección** definimos qué artículos son necesarios.

- Para identificar, hay que usar etiquetas de quita y pon en el artículo y otra etiqueta en el lugar donde se almacena.

Definir ubicaciones específicas para cada artículo de manera que sea accesible.

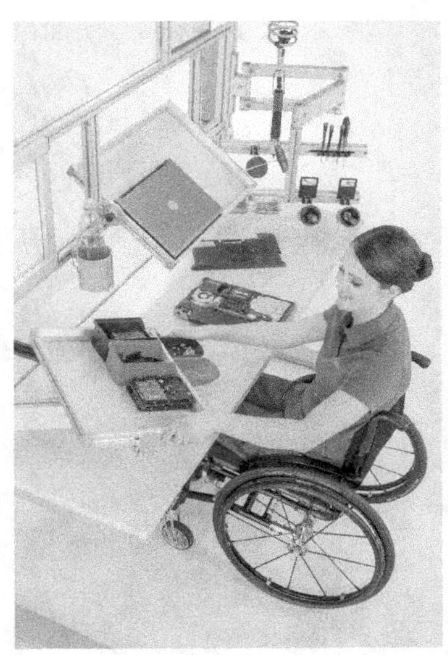

▶ ¿Dónde?

Almacenar juntos los artículos que se utilizan en conjunto.

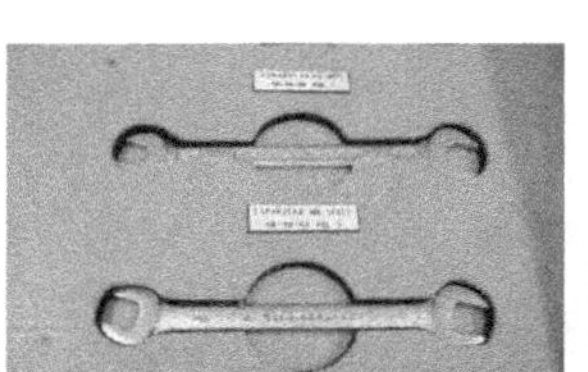

Almacenar juntos los artículos que tengan una función similar.

Evitar almacenar los artículos en lugares cerrados.

Cada cosa en su lugar

Identificación de los espacios de almacenaje

- Utilizar letras para identificar espacios.
- Dividir los espacios en columnas y filas.
- Utilizar números para identificar columnas y filas.

LSSI.
LEAN SIX SIGMA INSTITUTE

▶ ¿Cuánto?

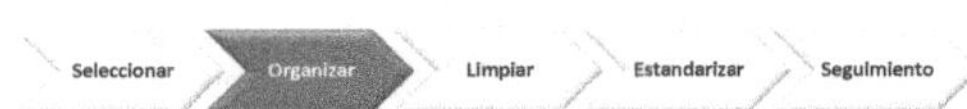

Principio *seiton*

«Un lugar para cada cosa,
y cada cosa en su lugar.»

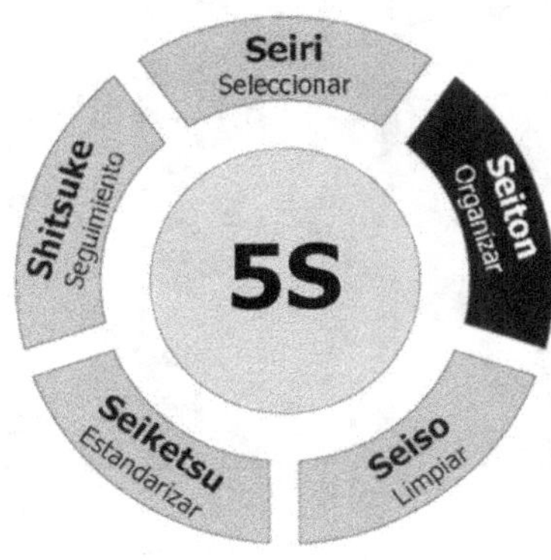

Limpiar – *Seiso*

Seleccionar > Organizar > **Limpiar** > Estandarizar > Seguimiento

Limpiar es básicamente eliminar la suciedad.

Proceso de limpieza:
1. Determinar un programa de limpieza.
2. Definir métodos de limpieza.
3. Crear disciplina.

Limpieza como forma de vida

En Japón, los niños empiezan el día limpiando sus escuelas como forma de respeto y cuidado del entorno donde aprenderán los conocimientos para la vida.

Video
https://www.youtube.com/watch?v=jv4oNvxCY5k

LSSI.
LEAN SIX SIGMA INSTITUTE

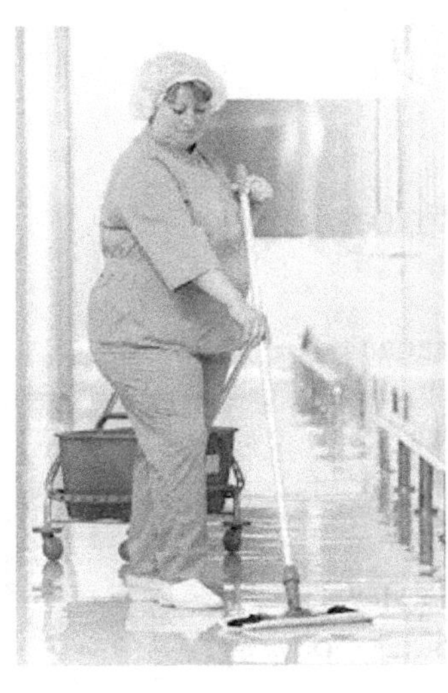

Limpiar – Ideas útiles

- Identificar las fuentes de suciedad.
- Inspeccionar mientras limpia.
- Reparar las fugas para evitar ensuciar.
- Pintar áreas, equipo, pisos, paredes y techos.
- Aumentar la iluminación en el área de trabajo.

1. Determinar un programa de limpieza

Se deben asignar responsables de las actividades de limpieza y definir con qué frecuencia y cuándo se deben de llevar a cabo.

Programa de limpieza				
Área	*Artículos*	*Responsable*	*Turno*	*Frecuencia*
Prensa 1	Suelos	J. Ramírez	1.º	Diaria
	Prensa	M. Suárez	2.º	Semanal
	Lámparas	H. Sánchez	3.º	Semanal
	Carretillas	J. Hernández	2.º	Diaria

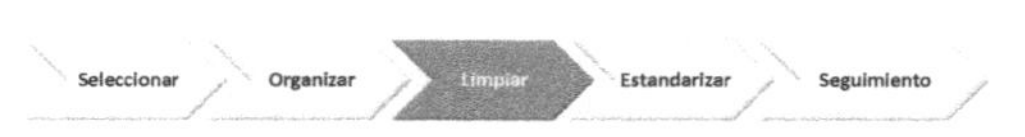

2. Definir métodos de limpieza

- Hacer un listado con cada una de las actividades de limpieza que se han de realizar.

- Listar los artículos y equipos de limpieza que se necesitan.

- Documentar las actividades de limpieza en un procedimiento.

▶ **Enfoque de tres pasos para la limpieza**

Áreas comunes, paredes, techos, luces, áreas de almacenamiento, baños, estantes, archivadores, etc.

Estaciones de trabajo individuales: sillas, cajones, computadoras, estantes, etc.
¡Limpie las cosas debajo de su mesa!

Instrumentos de medición: micrómetros, calibradores, microscopios, etc.

LSSI
LEAN SIX SIGMA INSTITUTE

Principio *seiso*

«El lugar más limpio no es el que más se asea, sino el que menos se ensucia.»

Estandarizar – *Seiketsu*

Seleccionar > Ordenar > Limpiar > **Estandarizar** > Seguimiento

Estandarizar es lograr que los procedimientos, las prácticas y las actividades se ejecuten consistentemente y de manera regular para asegurar que la *selección,* la *organización* y la *limpieza* son mantenidas y mejoradas en las áreas de trabajo.

Proceso de estandarización
1. Integrar las actividades de las 5'S en el trabajo regular.
2. Evaluar los resultados.

1. Integrar las actividades de las 5'S en el trabajo regular

- Estableciendo procedimientos.
- Elaborando manuales de estandarización.
- Implementando evaluaciones de revisión.

▸ Evaluar las áreas

Seleccionar › Ordenar › Limpiar › **Estandarizar** › Seguimiento

Evaluación de orden y limpieza

0 = No hay implementacion
1 = Un 30 % de cumplimiento
2 = Cumple al 65 %
3 = Un 95 % de cumplimiento

Área

Area ___________________ Fecha _______________ Auditor _________

Seleccionar	Antes	Actual	Observación
Se cuenta sólo con lo necesario para trabajar a simple vista			
No se ven cosas o materiales en otras áreas o lugares diferentes a su lugar asignado			
Los pasillos están libres de objetos			
No existen materiales en proceso ajenos a la operación actual			
Las áreas adiminstartivas tienen sólo lo que se necesita			
Se pude saber cuales son los objetos necesarios en el área			
No se ven partes o materiales en otras áreas o lugares diferentes a su lugar asignado			
Es fácil y rápido encontrar lo que se busca			

Ordenar	Antes	Actual	
Las áreas están debidamente identificadas			
Los equipos y utensilios están en su lugar asignado			
Es posible localizar cualquier objeto rápidamente (30 s)			
Los botes de basura están en el lugar designado para éstos			
Existen lugares marcados para todo el material de que llega o sale de producción			
Los pasillos están debidamente señalizados			
En general el área está ordenada y es fácil encontrar lo que se busca			

Limpiar	Antes	Actual	
Los pasillos se encuentran limpios			
Las máquinas se ecuentran visiblemente limpias			
Los materiales en proceso no corren el riesgo de maltratarse o ensuciarse			
El área en general luce limpia y segura			
Un programa de limpieza se conoce, está presente y se lleva a cabo			
Se cuenta con el equipo de limpieza completo y es fácil de obtener			

Estandarizar	Antes	Actual	
Se tienen estándares de colores bien identificados y conocidos			
El equipo de seguridad se conoce y se utiliza correctamente			
Existen letreros para identificar las áreas			
Las áreas y equipos de seguridad se encuentran identificados			
Todos en el área conocen las 5'S y las practican cotidianamente			
Los contenedores de basura están señalizados y al alcande de todos			
Existe un programa de evaluaciones periódico para evaluar el estado del orden y limpieza			

OBSERVACIONES

LSSI
LEAN SIX SIGMA INSTITUTE

2. Evaluar los resultados

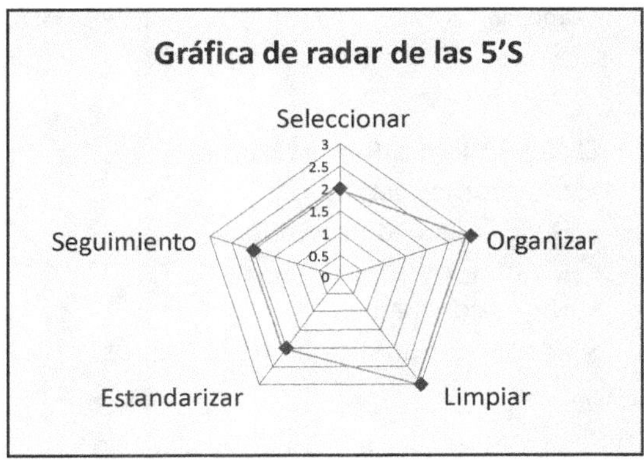

Principio *seiketsu*

«Di lo que haces,

haz lo que dices

y demuéstralo.»

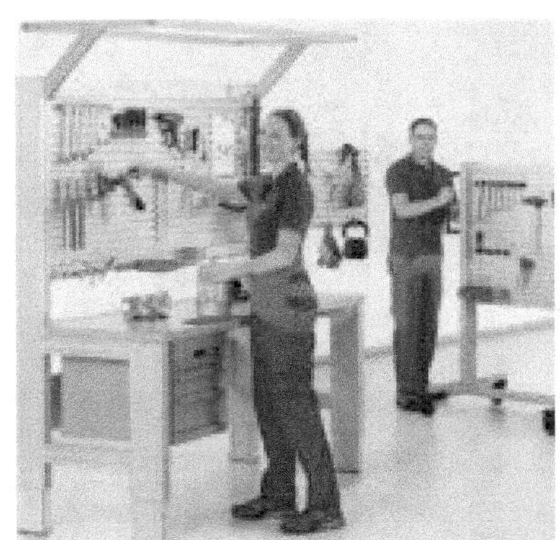

Seguimiento – *Shitsuke*

Seleccionar ⟩ Ordenar ⟩ Limpiar ⟩ Estandarizar ⟩ **Seguimiento**

El seguimiento nunca termina:
- Mejorar los estándares.
- Hacer recorridos *gemba*.
- Invitar a personas externas.
- Hacer concursos.
- Reconocer públicamente los éxitos.

Sugerencias para la implementación

Preparación	Implementación 1.ª S	Implementación 2.ª S
Formación a directivos	Aplicar evaluación inicial de 5'S	Revisión de avances y formación 2.ª S
Formación a todo el personal	Fotos del estado actual	Ordenar y marcar
Definición de equipo guía	Formación 1.ª S	Verificar
Definición de áreas modelo (piloto)	Tarjetas rojas	Evaluación *(check list* con fotos de la 2.ª S)
Dividir áreas	Clasificar	Fotografías para auditorías
Hacer pizarrones	Verificar tarjetas rojas	
Diseño de logotipo y lema	Evaluación *(check list)*	
Fotografiar áreas	Fotografías de avances	
Día cero		

Implementación 3.ª S	Implementación 4.ª S
Revisión de avances y formación 3.ª S	Crear manual de estandarización
Establecer programas de limpieza	Crear formatos de evaluación
Verificar	Hacer reglamento de orden y limpieza
Evaluación *(check list* con fotos de la 3.ª S)	
Fotografías de avances	

En la industria

En planta de producción

En almacenes

En talleres

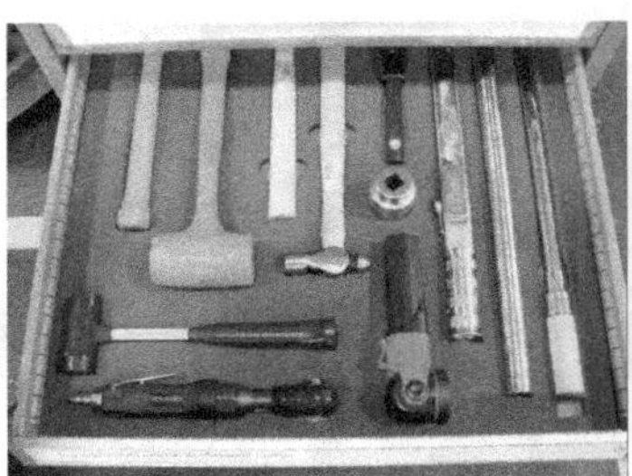

En estaciones de trabajo

Todos los materiales están identificados y en su lugar. Las ruedas se instalan debajo de las unidades de almacenamiento para facilitar el movimiento.

En laboratorios

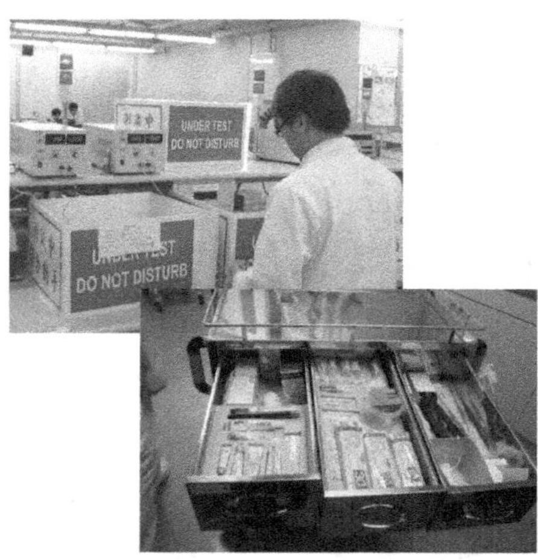

En documentos y archivos

LSSI
LEAN SIX SIGMA INSTITUTE

En oficinas

Antes

Después

Bibliografía recomendada

El proceso de las 5'S en acción

Autores: Luis Socconini
Marco Barrantes

Andon. Gestión visual

4

Objetivos

1. Entender que la gestión visual *(andon)* es una parte integral de la transformación Lean Six Sigma.
2. Identificar por medio de ejemplos, la aplicabilidad de la herramienta para implementarla en el trabajo y en la vida personal.

Contenidos

> Antecedentes
> ¿Qué es *andon?*
> Beneficios
> Procedimiento
> Ejemplos
> Ejercicio

En la antigüedad, las tribus pintaban señales en las paredes como parte de la comunicación y legado a sus pueblos.

Y los ejércitos comenzaron a reconocerse por sus banderas y uniformes.

¿Cómo los seres humanos percibimos la información?

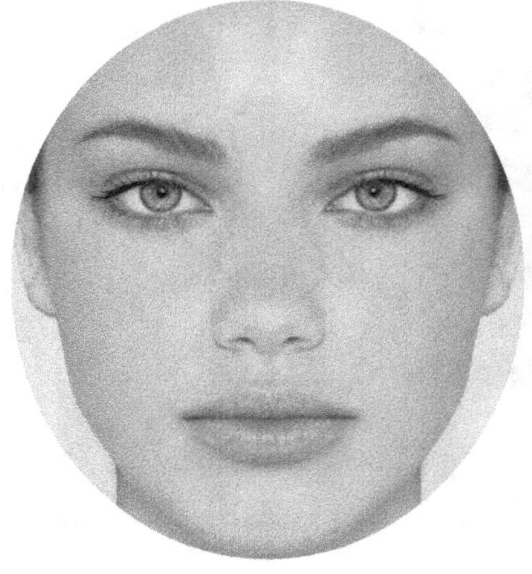

83 % **Vista**

11 % **Oído**

4 % Olfato

1 % Tacto

1 % Gusto

Origen de *andon*

- La palabra *andon* era conocida en la antigüedad en Japón como lámpara. Se confeccionaba con trozos de papel colocados alrededor de una base y con una vela en el interior con la tapa descubierta. **Andon funcionaba como una señal visual** que, en la distancia, emitía un mensaje para comunicar algo.

LSSI
LEAN SIX SIGMA INSTITUTE

¿Qué es *andon*?

- ***Andon*** es una señal que incorpora *elementos visuales, auditivos* y *de texto* que, generalmente, sirven para notificar problemas o situaciones que requieren atención.

- Permite *diferenciar* una situación normal de una anormal y ayuda a *identificar* la mejor solución.

- Proporciona *información en tiempo real* y retroalimentación del estado de un proceso.

¿Qué NO es *andon*?

- Presentación de pantallas y gráficos para impresionar a los visitantes corporativos o clientes.

- Abarrotar las paredes vacías con imágenes como fuente de decoración.

- Un esfuerzo único, solo para que los elementos visuales o la información se vuelvan obsoletos con el tiempo.

- Una aplicación aislada del trabajo estándar de los líderes.

Puntos clave

- La gestión visual es una parte esencial de un sistema de gestión Lean.
- Para que la gestión visual sea eficaz y sostenible, debe integrarse con:

  - Gestión estratégica
  - Seguimiento directivo *(gemba)*
  - Análisis de situaciones *(kata)*
  - Trabajo estandarizado
  - Gestión de proyectos
  - Gestión diaria
  - Gestión de resultados

  - Las 5'S
  - Flujo continuo
  - Preparaciones rápidas
  - Mantenimiento productivo
  - *Kanban*
  - Etc.

Ejercicio: ¿Qué elementos *andon* identificas en la foto?

- Materiales:
- Métodos:
- Máquinas:
- Mano de obra:
- Mediciones:
- Medio ambiente:
- Seguridad:

Varias formas de comunicación

- El aspecto distintivo de la **comunicación visual** es que está pensado para un grupo. Esto ayudará a las personas a trabajar en la misma dirección.

- Un *andon* puede ser:
  - Una señal.
  - Un sonido.
  - Una etiqueta.
  - Una pantalla.
  - Una gráfica de tendencia.
  - Un esquema de colores.
  - Etc.

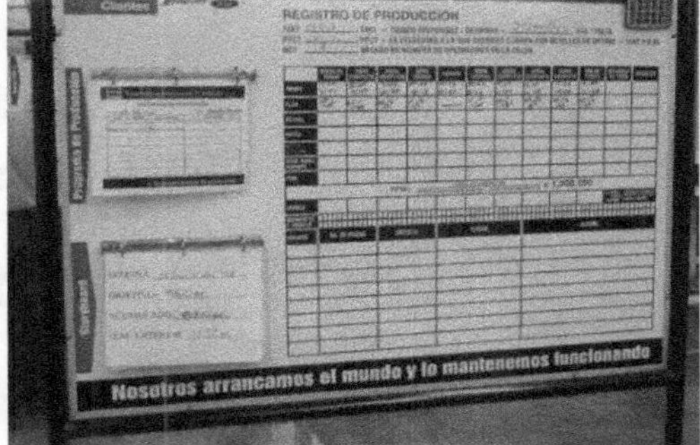

Ejemplo *andon* para evitar que los faros queden encendidos

Niveles de *poka-yoke* aplicando *andon*

1. Compartir información	Incluir instrucciones para *apagar las luces antes* de *parar el motor* en el manual del propietario
2. Compartir estándares establecidos	Copiar las instrucciones en el tablero del automóvil de tal manera que sea fácil que las vea el conductor: «Las luces deben apagarse antes de salir del automóvil»
3. Incorporar estándares al propio lugar de trabajo	Instalar una luz roja cerca de las instrucciones de tal forma que ambas sean fácilmente vistas por el conductor
4. Avisar acerca de anormalidades	Instalar una campana que suene inmediatamente al abrir la puerta del automóvil si las luces están encendidas
5. Detectar anormalidades	Instalar dispositivos que impidan que las llaves se puedan sacar del bombín de arranque del automóvil, hasta que las luces sean apagadas
6. Prevenir anormalidades	Instalar un dispositivo que apague las luces automáticamente cuando el motor se pare

El uso de gestión visual *(andon)* tiene una repercusión inmediata en diferentes ámbitos del proceso de producción:

- Mejora la **calidad.**
- Reduce el **costo.**
- Mejora el **tiempo de respuesta.**
- Aumenta la **seguridad.**
- Mejora la **comunicación.**

Además de proporcionar:

- **Atención inmediata** a los problemas.
- **Mecanismo simple** para comunicar información.
- Mejora la **rendición de cuentas.**
- **Velocidad y calidad** en las decisiones.

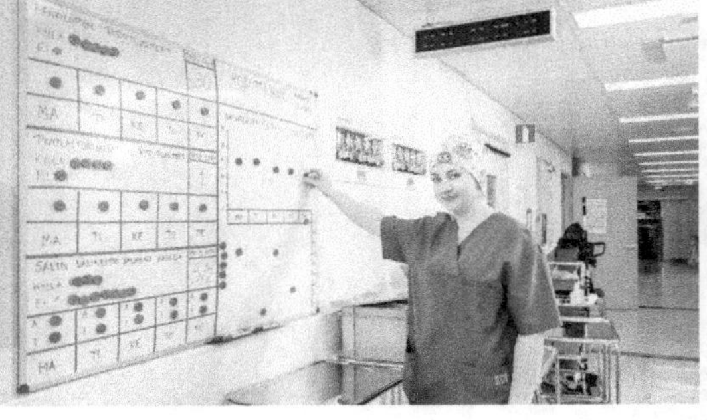

1. Identificar la información que se desea conocer o los errores que se desean evitar.

2. Diseñar una manera simple y visual de mostrar y controlar la actividad.

3. Probar el método y buscar retroalimentación de los involucrados.

4. Formar a todo el personal para que puedan utilizar el mecanismo proporcionado.

5. Revisar y mejorar regularmente.

LSSI
LEAN SIX SIGMA INSTITUTE

Andon es aplicable ampliamente en:

Servicios y producción

- Hospitales y clínicas.
- Restaurantes.
- Laboratorios.
- Producción.
- Logística.
- Etc.

Hospitales

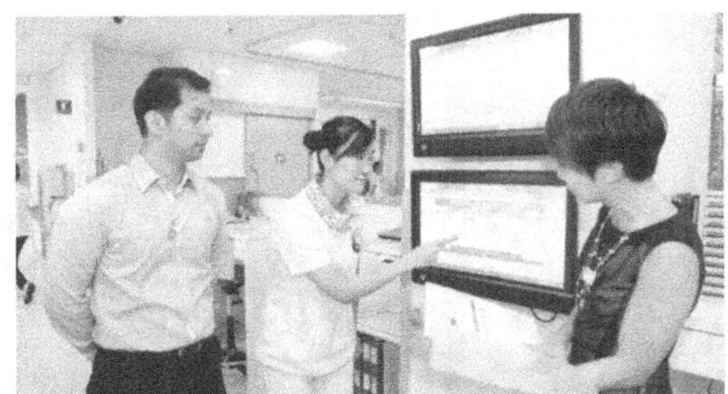

Recepción de pacientes

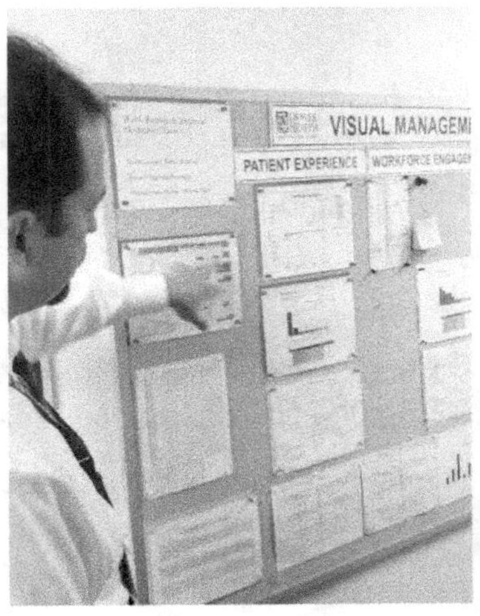

Tablero de resultados

Reuniones ágiles

- Tableros de producción *(andon).*
- Solo información relevante.
- Las personas están informadas.
- Todos aportan y proponen.
- Se sugiere un plan.
- Todos tienen el mismo fin en mente.

Fuente: Productos Verde Valle.

Andon de línea o célula

Para llevar el registro, por horas, de los resultados contra la meta.

- Los operadores y líderes se reúnen cada día al inicio del turno.

- Establecen metas y requerimientos.

- Durante el turno los operadores actualizan la información cada hora.

- Toman decisiones en base a los resultados.

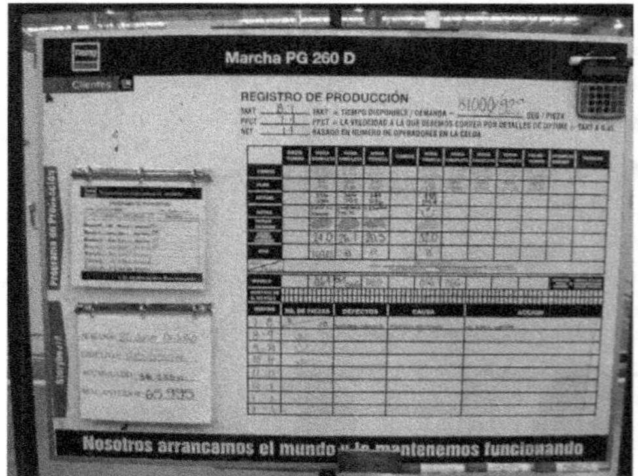

Andon de familia de productos o servicios

- El equipo de la cadena del proceso (cadena de valor) se reúne para analizar resultados.
- Se muestra el estado actual y futuro para los siguientes 2 a 4 meses.
- Se analizan estrategias, estructura y programa de talento.

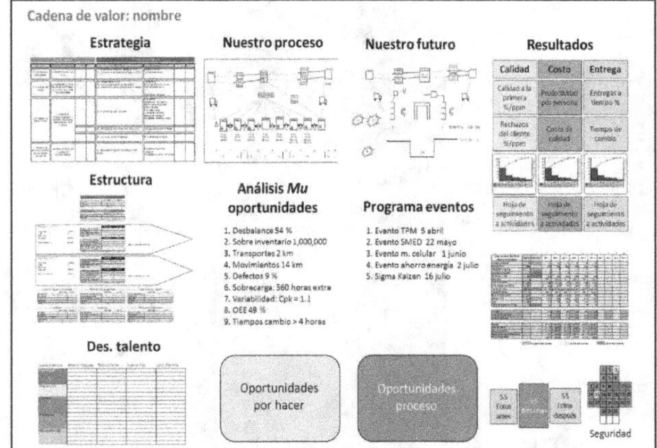

Consejos para crear un espacio visual

- Marcar todas las ubicaciones del inventario.
- Señalar la posición de los equipos.
- Indicar visualmente la cantidad de papelería permitida.
- Etiquetar todos los armarios, estanterías, etc. con su contenido.

Andon de seguridad

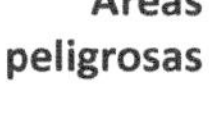

Áreas peligrosas

Equipo de protección

Etiquetas de peligro

Pasillos

Andon de control

Control de presión   **Control de nivel de aceite**   **Control de tensión**

Andon de oficina

Depósitos de documentos

Archivos

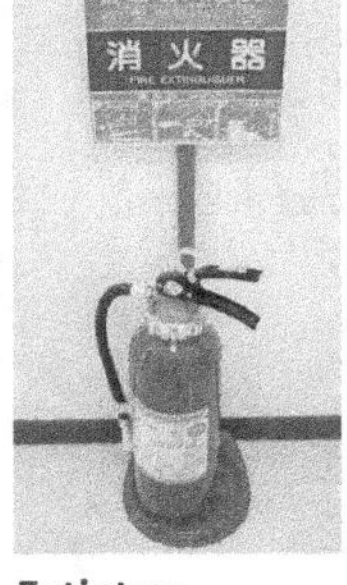

Extintor

Estatus de multihabilidades

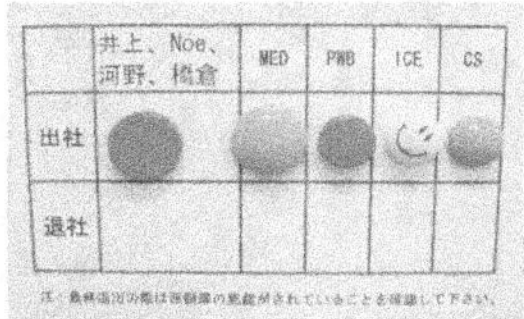

Movimientos de personal

Andon de operaciones

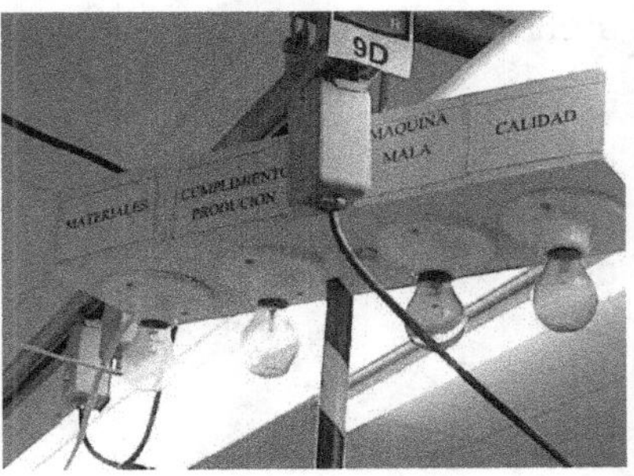

Andon de control visual

Códigos de colores para contenedores de lubricantes u otros líquidos

Depósitos de colores

Tarjetas de oportunidad

Código de colores para estatus de proyectos

Andon de señal visual

- Los sensores de advertencia visual indican al personal que hay un problema.

- Estos sensores utilizan colores, alarmas y luces para llamar la atención del trabajador.

- Se pueden utilizar junto con un sensor de contacto o de energía para atraer aún más la atención de los operadores.

LSSI
LEAN SIX SIGMA INSTITUTE

Ejemplo de tipos de *andon* en Sanidad

- *Andon* **de colores** para indicar el estatus de la áreas para pacientes.

- *Andon* para hacer **reuniones de equipo**.

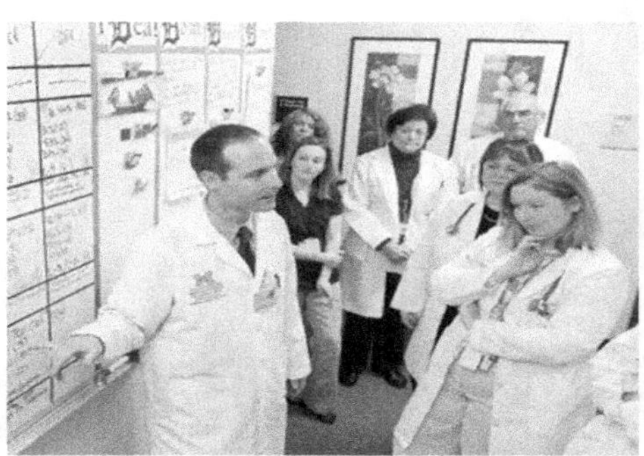

1. Identifica en tu área de trabajo, las oportunidades que encuentras para aplicar la gestión visual mediante elementos *andon*.

2. Diseña una manera sencilla y visual de mostrar lo aprendido en este capítulo.

3. Prueba el método y busca retroalimentación con las personas involucradas.

Instrucción de trabajo estándar

Objetivos

1. Entender los elementos básicos de las instrucciones de trabajo estándar para asegurar el desempeño óptimo de cualquier actividad.
2. Conocer el procedimiento para crear instrucciones estándar en cualquier proceso.

Contenidos

> Antecedentes
> ¿Qué es una instrucción de trabajo estándar?
> Desarrollo de talento a través de estándares
> Beneficios

Antecedentes

Los métodos de trabajo estándar fueron desarrollados por Taiichi Ohno y Shigeo Shingo en Toyota durante las décadas de 1950 y 1960.

Shigeo Shingo

Taiichi Ohno

«Donde no hay estándar, no puede haber Kaizen.»
Taiichi Ohno

¿Qué es un estándar?

Es un **patrón**, **modelo** o **referencia** que proporciona expectativas claras para el desarrollo de cualquier actividad.

- La metodología de mejora continua requiere de estándares para sostener los nuevos métodos, configuraciones y beneficios obtenidos.

- Los estándares determinan la línea base para analizar nuevas oportunidades de mejora permitiendo alcanzar sus metas.

La ausencia de estándares crea confusión y frustración

¿Cuál es la conexión correcta?

¿Qué interruptor enciende cada fuego?

LSSI
LEAN SIX SIGMA INSTITUTE

Evolución de la señal de STOP

- Hoy en día, la señal de STOP es reconocida en todo el mundo.

- Sin embargo, ¿sabes cómo era en sus inicios?

Observa:

No había estándares para las señales viales.

El problema era la falta de estándares

*La falta de estándares ocasionaba accidentes,
lesiones y desorganización.*

Tipo de estándares

- Regulaciones.

- Estándares de calidad.

- Especificaciones.

- Requerimientos técnicos.

- Estándares de proceso.

- Manuales.

- Avisos.

- Memorándums.

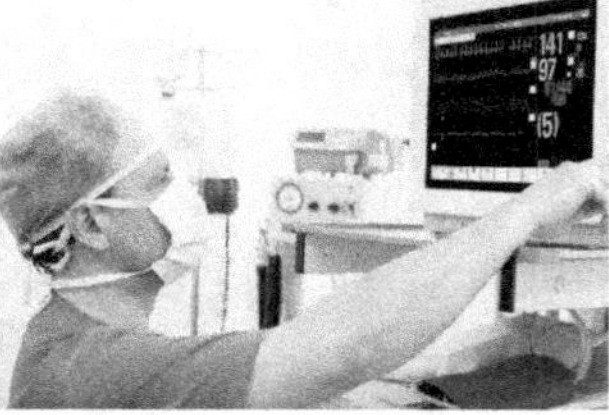

Un buen estándar debe ser visual y ayudar a identificar
situaciones anormales en los procesos.

¿Qué es una instrucción de trabajo estándar?

Instrucciones de trabajo estándar (SWI: *Standard Work Instructions)* son instrucciones diseñadas para asegurar que los procesos sean consistentes, oportunos y repetibles.

- Se imprimen y colocan cerca de la estación de trabajo.
- Los objetivos y resultados reales de la utilización de las instrucciones de trabajo estándar son mejoras en:

  - La calidad del producto o servicio terminado.
  - La consistencia del producto o servicio terminado.
  - El rendimiento del proceso.
  - La seguridad del empleado.

Instrucción de trabajo estándar

INSTRUCCIÓN DE OPERACIÓN

Departmento: Ensamble	Area: Producción	Operación: Corte	Tipo de producto: Tablero

NO.	SECUENCIA DE OPERACIONES	PUNTOS CLAVE
1	Tome el material.	Tome el material con ambas manos.
2	Fije el material en la mesa de trabajo.	Utilice abrazaderas para mantener fija la pieza.
3	Coloque las puntas en dirección al filo de la mesa.	Cuide que la pieza esté bien balanceada de ambos lados.
4	Corte la pieza a la medida establecida.	Utilice la sierra afilada.
5	Ponga las piezas cortadas en la mesa siguiente.	Colóquelas con el lado etiquetado hacia arriba.

REGISTRO DE CAMBIOS					CONSIDERACIONES DE SEGURIDAD
Fecha	Rev	Descripción del cambio	Sup.	Aprob.	
######	00	Edición inicial	7	56	
					-El equipo de seguridad debe ser utilizado en todo momento

LSSI
LEAN SIX SIGMA INSTITUTE

LSSI
LEAN SIX SIGMA INSTITUTE

		Preparado por: Luis Socconini	Pág. 1 de 1
RAZONES PARA PUNTOS CLAVE		**ILUSTRACIONES**	
Necesita asirlo firmemente para evitar accidentes.		②	
De esa manera no se mueve, evitando defectos y accidentes.			
Esto asegura que el corte se realice sin problemas.		③	
No se producen bordes filosos.			
Será fácil identificarlas.		④	

CONSIDERACIONES DE SEGURIDAD		**FIRMAS**			
		Fecha	Turno	Supervisor	Operador
-El equipo de seguridad debe ser utilizado en todo momento					

Componentes del trabajo estándar

White Belt

INSTRUCCIÓN DE OPERACIÓN

LSSI — LEAN SIX SIGMA INSTITUTE

Departmento: Ensamble		Area: Producción	Operación: Corte	Tipo de producto: Tablero			Preparado por: Luis Socconini	Pág. 1 de 1

NO.	SECUENCIA DE OPERACIONES	PUNTOS CLAVE	RAZONES PARA PUNTOS CLAVE	ILUSTRACIONES
1	Tome el material.	Tome el material con ambas manos.	Necesita asirlo firmemente para evitar accidentes.	
2	Fije el material en la mesa de trabajo.	Utilice abrazaderas para mantener fija la pieza.	De esa manera no se mueve, evitando defectos y accidentes.	(2)
3	Coloque las puntas en dirección al filo de la mesa.	Cuide que la pieza esté bien balanceada de ambos lados.	Esto asegura que el corte se realice sin problemas.	(3)
4	Corte la pieza a la medida establecida.	Utilice la sierra afilada.	No se producen bordes filosos.	
5	Ponga las piezas cortadas en la mesa siguiente.	Colóquelas con el lado etiquetado hacia arriba.	Será fácil identificarlas.	(4)

REGISTRO DE CAMBIOS					CONSIDERACIONES DE SEGURIDAD	CONSIDERACIONES DE SEGURIDAD	FIRMAS			
Fecha	Rev	Descripción del cambio	Sup.	Aprob.			Fecha	Turno	Supervisor	Operador
######	00	Edición inicial	7	56						
				-El equipo de seguridad debe ser utilizado en todo momento	-El equipo de seguridad debe ser utilizado en todo momento				

Instrucciones de trabajo estándar

Yellow Belt

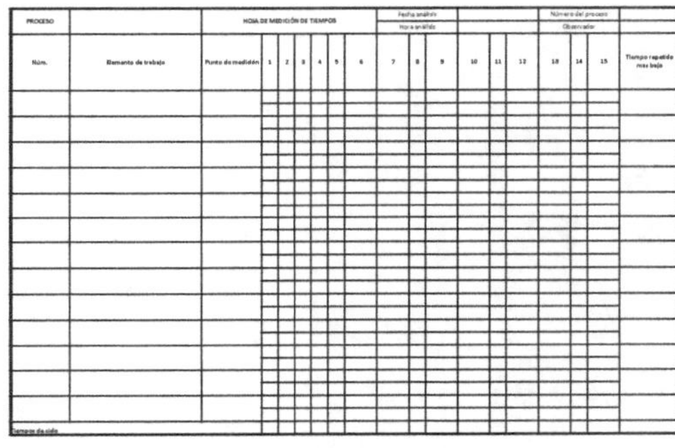

Formato de observación de tiempos

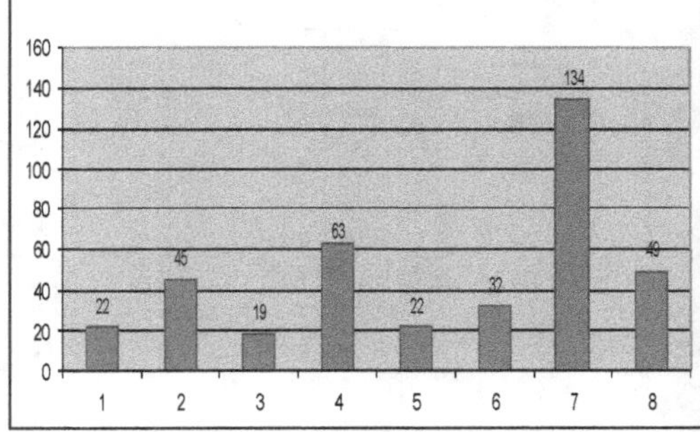

Gráfica de balance

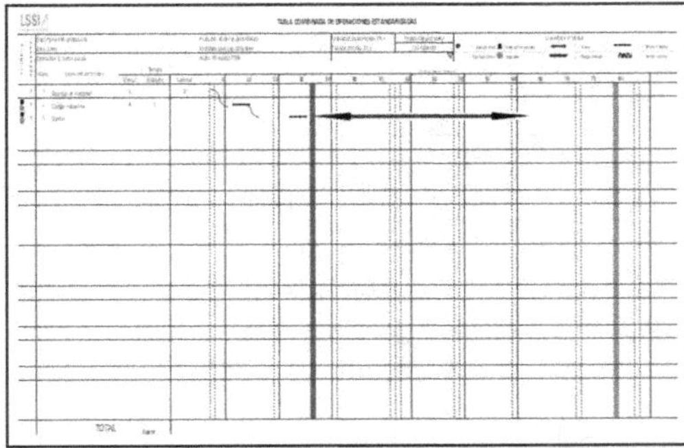

Hoja combinada de trabajo estándar

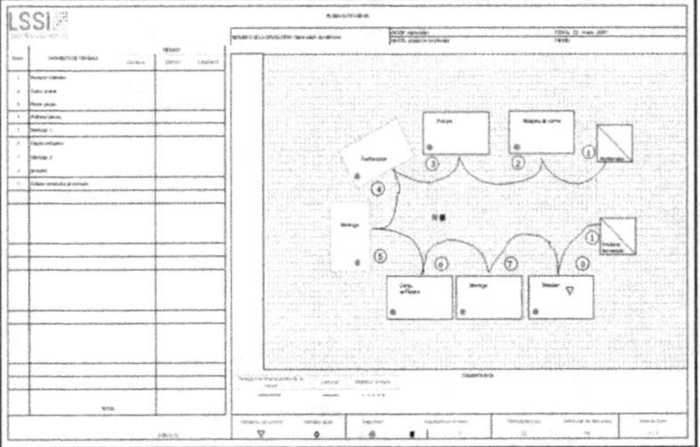

Hoja de trabajo estándar

En el contenido del programa *Yellow Belt* aprenderemos a:

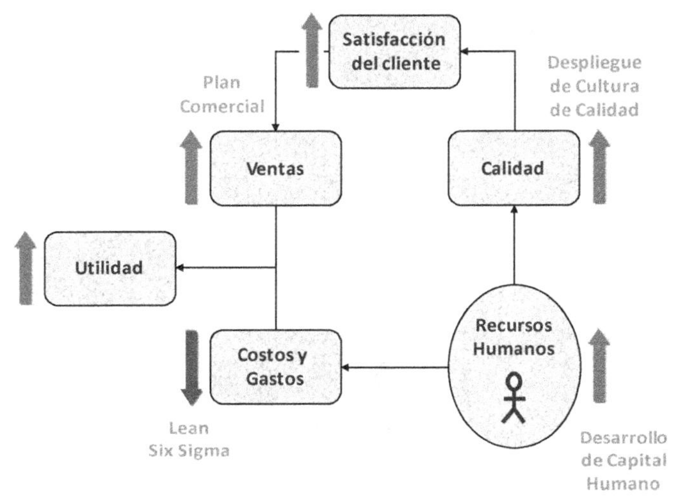

1. Preparar a la organización

2. Identificar el conocimiento crítico

Crítico

No Crítico

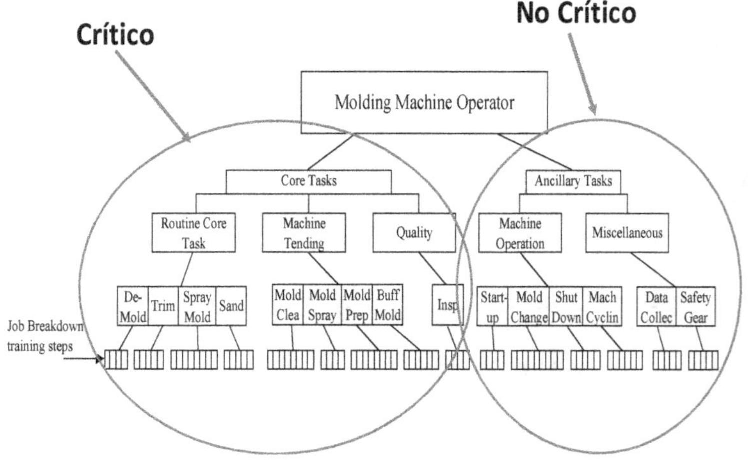

Instrucción de trabajo

Preparar al trabajador

Presentar la operación

Probar el desempeño

Dar seguimiento

3. Transferir el conocimiento

4. Verificar el aprendizaje

Nombre	Check in	Obtener diagnostico	Elaborar factura	Check out	Total	Ranking
Adrian Vázquez	1	4	1	1	**7**	B
Julian Martínez	5	5	5	5	**20**	D
Roberto Baez	3	2	4	2	**11**	C
Heriberto Salvatierra	1	1	2	1	**8**	A

Beneficios

- Alcanzar estabilidad en los procesos.

  La estandarización asegura que los procedimientos serán desarrollados siempre de la misma manera para cumplir los objetivos de seguridad, calidad y velocidad.

- Provee una clara descripción de las actividades en la estacion de trabajo.

- Muestra los puntos clave relacionados a la operación.

- Define los elementos del trabajo.

- Identifica los puntos críticos de seguridad y calidad.

Nota: no son necesarias para operaciones muy simples.

LSSI
LEAN SIX SIGMA INSTITUTE

**La competitividad
y sus claves**

Antoni Garrell

**El proceso de las 5'S
en acción**

Luis Socconini, Marco Barrantes

**Productos y servicios
inteligentes y sostenibles**

Llorenç Guilera, Antoni Garrell

**Manual de estrategia
de operaciones**

Ángel Caja Corral

**Cerebro, inteligencias
y mapas mentales**

*Zoraida G. de Montes,
Laura Montes G.*

**Manual del comercio
electrónico**

*Eva María Hernández Ramos,
Luis Carlos Hernández Barrueco*

**Indicadores económicos
en el comercio
internacional**

Òscar Mascarilla Miró

Competencias directivas

Llorenç Guilera

Anatomía de la creatividad

Llorenç Guilera Agüera

Lean Six Sigma. Sistema de gestión para liderar empresas

Luis Socconini, Carlo Reato

Lean Company. Más allá de la manufactura

Luis Socconini

Lean Six Sigma Green Belt, paso a paso

Luis Socconini, Eduardo Escobedo

Lean Energy 4.0. Guía de Implementación

Luis Socconini, Juan Pablo Martín

Lean Manufacturing. Paso a paso

Luis Socconini

Lean Services. Certification Manual

Luis Socconini

Lean Six Sigma Yellow Belt. Manual de certificación

Luis Socconini

Lean Six Sigma Green Belt. Manual de certificación

Luis Socconini

Lean Six Sigma Black Belt. Manual de certificación

Luis Socconini

València, 558 – 08026 Barcelona – Tel. +34-931 429 486 – marge@margebooks.com – www.margebooks.com